Bernhard Glocker

Mit dem Auto durch die USA

Ein Ratgeber für Reisende, die auf eigene Faust unterwegs sein wollen

www.tredition.de

Verlag und Druck: tredition GmbH, Hamburg

ISBN
Paperback: 978-3-7469-6090-6

Titelbild:

Der Autor vor der Golden Gate Bridge, San Francisco, CA

Bernhard Glocker

Mit dem Auto durch die USA

Ein Ratgeber für Reisende, die auf eigene Faust unterwegs sein wollen

Inhaltsverzeichnis

Vorwort

Wer hat nicht schon einmal davon geträumt, mit dem Auto durch die USA zu reisen? Das Land der unbegrenzten Möglichkeiten zu sehen und auf eigene Faust buchstäblich zu erfahren, das war und ist für manchen Zeitgenossen jedenfalls meiner Generation auch heute noch der Traumurlaub schlechthin. Für andere ist es eher ein Albtraum: Zu viel haben sie gehört und gelesen von politischen Auseinandersetzungen, von der Kriminalität, von Rassenunruhen, von Schießereien und Polizeiwillkür. Und dann die Kultur: gibt es so etwas überhaupt da drüben? Und das Essen: täglich Burger und Pommes mit Coke – das hält doch niemand aus!

Wer den amerikanischen Traum dennoch träumen möchte, sieht sich mit Hindernissen konfrontiert: Wie mache ich das denn? Wo soll ich hinfahren? Komme ich da nicht unter die Räder? Und was kostet das überhaupt? Kann ich mir das leisten? Und so weiter …

Der Schreiber dieses Ratgebers ist bekennender USA-Fan. Insgesamt neun Mal habe ich bisher zusammen mit meiner Frau, früher auch noch zusammen mit meinen beiden Töchtern, die Reise über den Großen Teich angetreten und 43 der 50 US-Bundesstaaten besucht. Wir haben dabei jedes Mal viele tausend Meilen mit dem Auto zurückgelegt und ich bin stets voller Begeisterung

und voller neuer Erfahrungen wieder nach Hause zurückgekehrt, fest entschlossen, schon bald mit den Pla-
nungen für die nächste Reise zu beginnen. Das Land, die
Leute, die Natur, die vielen Sehenswürdigkeiten, aber
auch die lässige Art, umherreisen zu können, überall
Quartier zu finden und auch nach Durchquerung einer
Wüste abends am Hotelpool oder an der Hotelbar zu
sitzen und jeden gewünschten Komfort zu genießen –
das sind für mich die Dinge, die mich immer wieder
anziehen. Es ist mir deshalb geradezu ein Bedürfnis,
Ihnen Tipps für einen solchen Urlaub an die Hand zu
geben. Und gleich vorab: Das mit den Burgern ist ein
Gerücht! Natürlich bekommen Sie – wenn gewünscht –
überall Fastfood. Aber Sie werden auch für jeden Geld-
beutel tolle Lokale finden, wo Sie je nach Ihrem Geschmack alles bekommen werden, was Sie zu schätzen
wissen. Ich beispielsweise habe in den USA die beste
Bouillabaisse meines Lebens gegessen – und nach meiner Erinnerung nicht mehr als 20 Dollar dafür bezahlt.
Das ist allerdings nun auch schon ein paar Jahre her.

Cheeseburger in Paradise, Lahaina, HI

1. Kapitel: Reisevorbereitungen

1.1 Die Reiseroute – was will ich sehen?

Die erste Frage, die Sie bei der Planung einer Reise in die USA stellen sollten, lautet: was will ich eigentlich sehen? Nur wenige von Ihnen werden in die USA fliegen wollen, um sich dort zwei Wochen an irgendeinen Strand zu legen. Wenn doch: Dann haben Sie Ihr Ziel ja schon vor Augen. Schöne Strände gibt es viele in den USA, besonders am Golf von Mexiko (z.B. in Florida), an der Atlantikküste oder auf Hawaii. Auch die Pazifikküste hat schöne Strände – nur ist das Wasser dort wegen einer kalten Meeresströmung weitgehend zum Baden ungeeignet, jedenfalls für bekennende Warmduscher wie mich. Badestrände nicht nur für Eskimos finden Sie nach meiner Einschätzung ab bzw. südlich von Santa Barbara in Kalifornien.

Sie wollen mehr sehen als nur schöne Strände – nun gut. Sicher haben Sie bestimmte Vorstellungen, wohin Sie auf jeden Fall fahren wollen. Die Ziele sind unterschiedlich wie die Menschen es ja auch sind: Der eine will große Metropolen sehen, New York, Chicago oder San Francisco etwa. Er möchte das neueste Stück auf einer Bühne am Broadway oder das MoMA (Museum of Modern Arts) besuchen oder die Filmstudios von Hollywood. Einen anderen zieht es in die Wildnis: Er möchte durch die Rockies streifen, Bisons und Bären auf freier Wildbahn begegnen. Auch die vielen Nationalparks der USA haben ihre Fans (darunter mich). Sie möchten erleben, wie der Old Faithful im Yellowstone-Nationalpark ausbricht, die riesigen Mammutbäume im Yosemite-Park bestaunen oder Alligatoren in den Everglades beobachten. Familien mit Kindern zieht es vielleicht nach Disneyworld und Cape Canaveral. Dazu könnten auch ein paar Tage am Strand nicht schaden (siehe oben). Eine auch nur einigermaßen vollständige Übersicht über die möglichen Ziele Ihrer Reise zu geben, würde indessen den Rahmen dieses Ratgebers sprengen. Mein Tipp: Besorgen Sie sich einen guten einschlägigen Reiseführer, Tour Books des AAA (American Automobile Association, erhältlich in den Geschäftsstellen vor Ort, früher auch über den ADAC, heute in Europa wohl nicht mehr so einfach zu bekommen) und/oder einen aktuellen Reisekatalog, in dem Mietwagenrundreisen durch die USA beschrieben werden, lassen Sie sich inspirieren und legen Sie die Eckpunkte Ihrer Reise fest. Sie können durchaus auch Abstecher nach Kanada mit einplanen; ein Grenzübertritt wie auch die Rückkehr in die USA sind ohne weiteres möglich. Nicht möglich sind normalerweise Abstecher nach Mexiko.

Wenn Sie mit dem Auto reisen wollen, nehmen Sie jetzt eine USA-Straßenkarte (für „Dinos" wie mich immer noch ohne Alternative: der Rand McNally) und versuchen einmal, ihre Eckpunkte und weitere, dazwischenliegende Ziele, die Sie sich aus der Reiseliteratur aussuchen, mit den Verkehrswegen in Übereinstimmung zu bringen. Legen Sie fest, wo Sie länger als einen Tag bleiben wollen, und berechnen Sie die Strecken, die Sie an „Fahrtagen" zurücklegen können bzw. wollen. Beachten Sie: Ihre USA-Straßenkarte zeigt Entfernungen in Meilen an (1 Meile = 1,61 Kilometer). Wenn Sie mit einem PKW fahren, können Sie ruhig zumindest gelegentlich mit um die 350 Meilen pro Tag und mehr rechnen, wenn Sie untertags nicht längere Zeit an Zwischenzielen verweilen wollen. Sie kommen über Land auf den Interstate Highways je nach Staat mit einer Geschwindigkeit von bis zu 65 Meilen pro Stunde voran; im städtischen Umfeld rechnen Sie lieber mit weniger (ca. 50 bis 55 Meilen). Wollen Sie auf Landstraßen fahren oder größere Städte innerorts durchqueren, orientieren Sie sich wegen des Zeitbedarfs an Größenordnungen, wie Sie sie aus Europa kennen. An Orten, an denen Sie Übernachtungen planen, sollte ein entsprechendes Quartier bereitstehen. Überzeugen Sie sich bereits jetzt durch kurze Internet-Recherchen, ob entsprechende Hotels/Motels vorhanden sind. In der Regel haben Sie Glück. Wollen Sie mit einem Wohnmobil fahren, reduzieren sich die „machbaren" Tagesetappen deutlich. An Ihren Zielorten sollten Sie nach Übernachtungsplätzen suchen, die in den USA zahlreich und in der Regel ebenso geräumig wie komfortabel ausgestattet sind. Gelegentlich können Sie auch in der Wildnis „campen". Die Regelungen hierfür sind sehr uneinheitlich; erkundigen Sie sich im Internet oder vor Ort. Bedenken Sie außerdem, dass Sie mit Ihrem Wohnmobil (je nach Größe) Probleme haben könnten, in die Innenstädte hineinzufahren.

Sie müssen nicht zwingend eine Rundreise planen. Gegen einen nicht ganz geringen Obolus (bis zu 1.000 Dollar oder mehr je nach Entfernung zwischen Start- und Zielort) nehmen viele große Mietwagenfirmen den Wagen auch an einem anderen Ort als dem Übernahmeort in den USA wieder zurück. Manche Vermieter haben für bestimmte Einwegstrecken (z.B. an der Westküste) Sonderkonditionen im Angebot. Machen Sie sich bei Bedarf vorab kundig! Die Fluggesellschaften bieten in der Regel ohne großen Aufpreis sog. Gabelflüge an, was bedeutet, dass der Rückflug von einem anderen Ort aus angetreten werden kann als von demjenigen, an dem Ihr Hinflug gelandet ist. Suchen Sie sich aber schon aus Kostengründen für Landung und Rückflug große, international bekannte Flughäfen aus. Faustregel: Je kleiner der Flughafen, desto höher die Kosten.

Wollen Sie eine Autotour in einem räumlich eher begrenzten Gebiet (etwa: US-Westküste) kombinieren mit dem Besuch einer weit davon entfernten Metropole (etwa: Washington oder New York), könnte eine Lösung Ihres Planungsproblems darin liegen, dass Sie auf dem

Hin- oder Rückflug zu oder von Ihrem eigentlichen Zielort (etwa: San Francisco) eine Unterbrechung („Stopover") in der gewünschten Metropole buchen. Manche Fluggesellschaften bieten solche Unterbrechungen ohne oder gegen nur geringfügige Aufschläge auf den Flugpreis für einen Tag oder sogar für mehrere Tage an. Ort des „Stopovers" ist im Zweifel der Flughafen, an dem die Gesellschaft ihre Basis unterhält, unter Umständen auch das eine oder andere „Drehkreuz", das von der Gesellschaft bedient wird. Machen Sie sich im Bedarfsfall kundig, ob eine von Ihnen in Betracht gezogene Fluglinie am Ort Ihrer Wahl ein „Stopover" zulässt. Wenn dem so ist, zahlen Sie für Ihren Flug mit Unterbrechung deutlich weniger, als Sie für zwei selbständige Flüge aufwenden müssten.

Jetzt treten Sie einen Schritt zurück, zählen Ihre Tagesetappen zusammen, addieren im Normalfall einen Tag für den Hinflug und zwei Tage für den Rückflug (in der Regel bekommen Sie einen Abendflug, der unter Berücksichtigung des Zeitunterschiedes erst am nächsten Tag in Europa landet!) und stellen fest, ob Sie die geplante Tour in einem für Sie vertretbaren Jahresurlaub unterbringen. Wenn nein: Kürzen Sie die Strecke, bis es „passt" – oder überlegen Sie, ob Sie größere Distanzen mit Inlandsflügen bewältigen wollen. Für Reisen zwischen den Hawaiianischen Inseln ist das sogar fast zwingend. Bedenken Sie aber: Vor jedem Inlandsflug müssen Sie den Mietwagen zurückgeben und nach der Landung einen neuen Wagen anmieten. Der „Einwegzuschlag" (siehe oben) fällt u.U. mehrmals an! Und auch mit dem Gepäck unterliegen Sie Einschränkungen: Sie müssen Gewichtslimits der Airline beachten und generell sicherstellen, dass Sie Ihr Gepäck in einem aufgabefähigen Zustand halten. Nach meinen Erfahrungen ist das nicht ganz leicht.

Mein Tipp: Für einen Mietwagenurlaub in den USA sollten Sie im Minimum drei Wochen Urlaub einplanen können. Für einen Trip von Küste zu Küste, den Sie genießen wollen, sollten es schon fünf Wochen sein.

Natürlich können Sie auch ganz spontan sein und nur Hin- und Rückflug sowie das Hotel für die erste Nacht Ihres Aufenthalts fest einplanen. Bedenken Sie aber, dass Ihr Urlaub ohne konkrete Vorstellungen, was Sie sehen wollen, sehr schnell in einem Chaos enden kann und Sie dann möglicherweise enttäuscht die Rückreise antreten müssen, zumal meine Erfahrungen zeigen, dass es trotz der gigantischen Übernachtungskapazitäten in den USA immer schwieriger wird, ohne Reservierung in der Reisesaison jedenfalls an touristisch interessanten Orten ein Quartier für die nächste Nacht auch nur für zwei Personen zu bekommen. In den Nationalparks ist es fast unmöglich.

Beispiele für mögliche Routenplanungen und Tagesprogramme vor Ort habe ich in Kapitel 10 dargestellt. Alle diese Fahrten habe ich selbst durchgeführt; ich kann also garantieren, dass ein solcher Trip machbar wäre. Als Vorschlag für Einsteiger verweise ich auf Kapitel 11.

1.2 Mögliche Verkehrsmittel und Unterkünfte – wie will ich reisen?

Damit sind wir nun aber auch schon mitten im nächsten Abschnitt unserer Vorbereitungen: Welches Verkehrsmittel will ich nutzen und wie organisiere ich die Unterkünfte?

Für die An- und Abreise wird es kaum eine Alternative zum Flug geben. Flüge in die USA bieten viele Gesellschaften an. Beachten Sie, dass es neben Direktflügen auch zahlreiche Umsteigeverbindungen gibt, bei denen Sie mehr oder weniger viel Zeit durch Zwischenlandungen verlieren. Dafür sind die Umsteigeverbindungen häufig billiger. Buchen Sie entweder direkt, über ein Suchportal (via Internet) oder über ein Reisebüro, was sich zumindest für den unerfahreneren Reisenden schon wegen der Formalitäten (dazu dann sogleich im Abschnitt 1.4) empfehlen könnte. Wenn Sie innerhalb der USA umsteigen möchten, beachten Sie, dass Sie die oft zeitraubenden Einreiseformalitäten (dazu später) am ersten Flughafen hinter sich bringen müssen, an dem Sie in den USA landen. Buchen Sie deshalb keine Verbindung, mit der Sie an diesem ersten Flughafen weniger als 2 Stunden Zeit haben, zumal Sie möglicherweise auch noch den Terminal wechseln und sich erneut einer Sicherheitskontrolle unterziehen müssen. Sollte sich Ihnen die Möglichkeit bieten, die Einreiseformalitäten schon vorab beim Abflug aus Europa zu erledigen (meines Wissens derzeit so vorgesehen am Flughafen Dublin/Irland), dann machen Sie davon unbedingt Gebrauch!

Die Themen Gabelflüge und „Stopover" habe ich zuvor schon angesprochen; zum Thema Gepäck folgt noch ein eigener Abschnitt (1.6).

Reine Inlandsflüge in den USA - hier ist also nicht von den Umsteigeverbindungen die Rede – wird Ihnen das Reisebüro in aller Regel nicht vermitteln wollen und Sie auf kostengünstigere Buchungen über das Internet verweisen. Eine Ausnahme bilden komplett zu buchende Mietwagenrundreisen mit Zwischenflügen, etwa nach Hawaii, die von einigen Veranstaltern angeboten werden. Hier erhalten Sie Flüge und Unterkünfte im Paket, buchen noch den Mietwagen dazu und können sich dann in dem durch die gebuchten Unterkünfte gesteckten Rahmen selbst aussuchen, was Sie vor Ort machen wollen. Zumindest für Hawaii ein für mich durchaus akzeptables Konzept!

Wenig Hilfe vom Reisebüro erhalten Sie auch, wenn Sie Fährverbindungen benötigen. Einige klassische Verbindungen (z.B. Port Hardy – Prince Rupert an der kanadischen Westküste, die sog. Inside-Passage) kann man über einen Veranstalter buchen. Bei anderen hilft wieder das Internet. Praktische Probleme sind mir dabei bisher nicht untergekommen; es hat alles immer tadellos funktioniert. Sie müssen bei der Buchung zwar auch Informationen zum Fahrzeug abgeben, das Sie zu diesem Zeitpunkt noch gar nicht übernommen haben. Es handelt sich aber üblicherweise nur um sehr allgemeine Informationen zur Größe des Fahrzeugs (hier also etwa: PKW ohne Anhänger). Das Kfz-Kennzeichen wird nicht abgefragt.

Ein alternatives Fortbewegungsmittel ist natürlich auch die Bahn. Es gibt einige Bahnverbindungen (etwa an der Ostküste oder in den kanadischen Rockies), die auch für den Touristen interessant sein könnten. Nähere Informationen erhalten Sie im Reisebüro. In der Regel aber ist für Ihre USA-Reise das Auto das Verkehrsmittel Ihrer Wahl – sei es in Form eines klassischen PKW, eines Geländewagens oder in Form eines Wohnmobils.

Dazu gleich ein erster Tipp: Buchen Sie Ihren Mietwagen unbedingt schon in Europa – Sie kommen deutlich billiger weg! Ich habe beste Erfahrungen mit Buchungen über Reisekataloge großer deutscher Veranstalter gemacht, die günstige Sonderkonditionen mit mehreren Mietwagenfirmen ausgehandelt haben und Fahrzeuge zahlreicher Kategorien anbieten. Wählen Sie ein Fahrzeug nach Ihren Bedürfnissen, berücksichtigen Sie dabei aber Folgendes:

Für einen Kurztrip von zwei Personen in dicht besiedeltem Gebiet, also etwa im Bereich Boston – New York – Washington, reicht ein Kleinwagen. Reisen mehr als 2 Personen, geht es durch unwirtliche Gegenden mit möglicherweise extremen Temperaturen oder soll es gar eine Tour from coast to coast werden, empfehle ich ein Auto, das so ein Programm nicht nur von der Strecke, sondern auch von der Motorleistung her stemmen kann (bedenken Sie bitte allein die Anforderungen an die Klimaanlage). Sie sollten sich in diesem Falle schon für die Kategorie full size car entscheiden, und zwar bei einem Vermieter, der im ganzen Gebiet, in dem Sie sich bewegen wollen, mit Stationen präsent ist für den Fall, dass Sie einmal Probleme bekommen oder gar das Fahrzeug wechseln müssen.

Die US-Fahrzeuge sind in aller Regel gut ausgestattet; Klimaanlage, Automatik und Tempomat sind fast immer mit an Bord. Den Tempomaten können Sie gerade bei Überlandfahrten, bei denen sie bis zum Horizont kein anderes Fahrzeug auf der Straße erblicken, gut gebrauchen, um die strengen Geschwindigkeitsbegrenzungen („strictly enforced") einzuhalten. Ein Manko, was die Fahrzeugausstattung betrifft, ist gelegentlich der auch bei größeren Fahrzeugen recht begrenzte Kofferraum. Beachten Sie deshalb die diesbezüglichen Hinweise in den Katalogen der Anbieter.

Angeboten werden die Mietwagen häufig (z.B. beim Vermieter Hertz) mit drei verschiedenen „Paketen". Allen Paketen gemein ist oder sollte sein der Einschluss aller gefahrenen Kilometer ohne Begrenzung, eine erweiterte Haftpflichtversicherung und eine Vollkaskoversicherung ohne Selbstbehalt. Bei Wohnmobilen muss man dabei Einschränkungen in Kauf nehmen. Oft ist nur eine begrenzte Zahl von Kilometern inklu- diert und die Vollkaskoversicherung gilt nur mit Selbstbehalt und/oder unter Ausschluss bestimmter Fahrzeugteile (Unterboden, Reifen, Scheiben etc.). Prüfen Sie hier die ihnen angebotenen Konditionen und vergleichen Sie mehrere Angebote. Die angesprochenen Pakete unterscheiden sich hierauf aufbauend dann im Wesentlichen wie folgt: Paket A bietet so gut wie keine Ergänzungen. Paket B schließt eine zusätzliche Versicherungen, gelegentlich die Kosten für einen oder mehrere Zusatzfahrer und in der Regel auch die Kosten für die erste Tankfüllung. Bei Paket A müssen Sie den Wagen, den sie vollgetankt übernommen haben, nämlich auch wieder vollgetankt zurückgeben – es sei denn, Sie entscheiden sich noch vor Ort für eine „fuel option" (vgl. dazu Abschnitt 2.3). Bei Paket C (nicht überall erhältlich) bekommen Sie zusätzlich zu den Leistungen von Paket B noch ein Navi. Die Mehrkosten von Paket C sind allerdings oft deutlich höher als die Kosten eines Miet-Navis für das Fahrgebiet USA, das Sie sich bei hierauf spezialisierten Anbietern schon in Europa besorgen und mitnehmen können. Machen Sie sich im Internet kundig (Stichwort: Navi mieten).

Im Übrigen sind die Mietwagenkonditionen weitgehend ähnlich. Es muss eine Kaution gestellt werden (Kreditkarte), Zusatzfahrer und zusätzliches Equipment wie z.B. Kindersitze kosten, ebenso die Einwegmiete, soweit zulässig (siehe oben). Zugelassene Fahrgebiete sind üblicherweise alle asphaltierten Straßen in USA und Kanada, nicht aber Abstecher nach Mexiko. Verboten sind sog. gravel roads (nicht asphaltierte Straßen) und zumeist einige besonders aufgeführte Highways im Norden Kanadas und in Alaska. Erstaunlicherweise gilt dies auch dann, wenn Sie einen Geländewagen anmieten.

Um mit Ihrem Mietwagen durch die USA reisen zu können, benötigen Sie an Dokumenten regelmäßig nur Ihren nationalen Führerschein. Sollte es sich dabei allerdings um den älteren Zeitgenossen noch bekannten „grauen Lappen" handeln, würde ich Ihnen schon im eigenen Interesse raten, diesen noch vor Reiseantritt in einen neuen Scheckkarten-Führerschein umzutauschen. Die Angestellten der Autovermieter sind in diesem Punkt zwar Kummer gewöhnt. Ich möchte mir aber eher nicht vorstellen, wie ein Sheriff im ländlichen Arizona reagiert, wenn Sie ihm bei einer Kontrolle den „grauen Lappen" unter die Nase halten. Definitiv nicht mehr gültig sind in den USA die alten DDR- Führerscheine.

Zu ergänzen habe ich noch, dass einzelne US-Bundesstaaten bzw. sogar einzelne Polizeibeamte in einigen Bundesstaaten – ob in Übereinstimmung mit geltendem Recht oder nicht – neben dem nationalen Führerschein die Vorlage eines Internationalen Führerscheins verlangen, ein Dokument, das Ihnen Ihre örtliche Kreisverwaltungsbehörde auf Antrag problemlos ausstellt. Ob Sie auf Ihrer Reiseroute ein solches Zusatzdokument benötigen, müssten Sie bitte zeitnah zu Ihrem

Reiseantritt über das Internet selbst klären. In Georgia beispielsweise ist die Pflicht zum Mitführen eines Internationalen Führerscheins erst Anfang 2017 ohne große Vorankündigung aufgehoben worden. Im Zweifel lautet mein Rat: Besorgen Sie sich das Dokument, vor allem, wenn Sie eine Reise durch mehrere US-Bundesstaaten planen. Dann sind Sie auf der sicheren Seite und brauchen auch nicht mit dem Sheriff über die Rechtslage zu diskutieren.

Jetzt zu den Unterkünften:

Wenn Sie ein Wohnmobil mieten, stellt sich die Frage einer Unterkunft in der Regel nur für die erste Übernachtung in Übersee. Die Vermieter übergeben das gemietete Fahrzeug üblicherweise frühestens am Tag nach der Ankunft.

Ansonsten brauchen Sie Quartiere für den gesamten Aufenthalt, und zwar Quartiere, die sinnvollerweise über Parkmöglichkeiten verfügen sollten. Sie können einzelne Unterkünfte natürlich auch erst vor Ort buchen. Dann tragen Sie allerdings das Risiko, dass schon alles besetzt ist. In diesem Fall müssten Sie flexibel sein und notfalls noch ein wenig weiter fahren. Dumm, wenn der nächste Ort 50 Meilen weit entfernt ist! Sie können aber auch vorab reservieren. Das ist heutzutage sehr einfach; die Angebote sind zahlreich. Ihr Reisebüro hält Kataloge von Anbietern wie Dertour, FTI oder Meier´s Weltreisen bereit, aus denen Sie Hotels, Motels oder andere Quartiere in den USA als „Bausteine" für Ihren Trip in vielen Orten, zumeist sogar tageweise, buchen können. Selbst Unterkünfte in manchen Nationalparks können Sie auf diesem Wege buchen, freilich zu Preisen, die häufig deutlich über den Marktpreisen liegen. Die über das Reisebüro gebuchten Zimmer liegen außerdem nicht immer auf der „Schokoladenseite" der Häuser. Wenn Sie von den Angeboten der hiesigen Veranstalter keinen Gebrauch machen wollen oder Angebote Ihres Bedarfs nicht finden können, bietet sich eine Buchung über das Internet an, entweder direkt oder über eine der bekannten Buchungsseiten. Geben Sie in ihre Suchmaschine nur einmal das Wort „Hotel" ein und den Namen des gewünschten Ortes – schon haben Sie vermutlich mehrere Treffer. Kostenfrei stornieren können Sie die über Internet gebuchten Zimmer meist sogar noch bis zum Anreisetag (gilt nicht für Sonderangebote!). Sie gehen hier also regelmäßig gar kein Risiko ein. Um ein Quartier in einem Nationalpark zu buchen, gehen Sie auf die Seite www.nps.gov, klicken sich durch zu dem Nationalpark Ihrer Wahl und suchen unter eating & sleeping bzw. lodging Ihr Quartier. Wenn Sie nicht online buchen können, müssen Sie eine Kontakt-Email versenden, die nach meiner Erfahrung unverzüglich beantwortet wird.

Wichtig: Sie zahlen für in den USA vor Ort bzw. über das Internet gebuchte Hotelzimmer häufig den gleichen Preis, egal mit wie vielen Personen Sie das Zimmer

– selbstverständlich im Rahmen der zulässigen Höchst-
belegung – beziehen. Viele Zimmer verfügen über zwei
Queensize-Betten (je 152 x 203 cm), die Sie jeweils zu
zweit nutzen können. Eltern mit zwei Kindern kommen
deshalb in aller Regel mit einem Hotelzimmer aus.

Ein letzter Hinweis noch: Buchen Sie in Metropolen,
die Sie besichtigen wollen, ein Hotel im Zentrum bzw.
in der Nähe der Sehenswürdigkeiten, die Ihnen wichtig
sind. Entgegen landläufiger Meinung können Sie viele
US-Großstädte bzw. deren touristisch relevantes Zentrum sehr gut zu Fuß oder mit öffentlichen Verkehrsmit-
teln erkunden. Das gilt insbesondere für die Ostküsten-
Metropolen wie Boston, New York oder Washington,
aber auch für Chicago, New Orleans oder San Francisco.
Natürlich setzt das voraus, dass Sie Ihre Erkundungen
im Zentrum starten können und nicht erst aus der Peri-
pherie anreisen müssen.

Und ein allerletzter Hinweis: Buchen Sie zumindest
die Transatlantikflüge und Ihre Unterkünfte in Nationalparks rechtzeitig! Ein Jahr vor Abreise ist nicht zu früh!
Gerade wenn Sie eine längere Reise planen und viele
Bausteine aufeinander abzustimmen haben, müssen Sie
darauf achten, sich die bekanntermaßen limitierten Angebote so schnell wie möglich zu sichern.

1.3 Die Kosten – kann ich mir das leisten?

Die Frage der Kosten möchten Sie natürlich vorab einmal kalkulieren. Wenn es nicht auf den Euro genau gehen muss, ist das gar nicht so schwer: Der erste Posten ist die Flugreise. Die Kosten hierfür schwanken sehr stark je nach Jahreszeit und Gesellschaft. Günstige Flüge an die Ostküste bekommen Sie für ca. 600 Euro oder weniger pro Person; in der Hauptreisezeit wird es teurer, sollte aber nicht wesentlich über 1.000 Euro hinausgehen. Für einen Flug an die Westküste müssen Sie etwas tiefer in die Tasche greifen. Hier liegen 1.200 Euro jedenfalls in der Hauptreisezeit eher an der unteren Grenze. Alle Angaben beziehen sich natürlich auf die Touristenklasse. Wenn Sie Genaueres wissen wollen: das Internet hilft weiter. Auch die Mietwagenpreise schwanken stark, sind aber im Verhältnis zu Europa eher moderat. Rechnen Sie mit ca. 250 – 350 Euro pro Woche zuzüglich der „Extras" (siehe oben). Genaueres berichten wieder die Reisekataloge oder das Internet. Gleiches gilt für die Hotels, für die ich angesichts der großen Vielfalt möglicher Objekte nicht einmal einen Rahmen angeben möchte. Es ist eben ein Unterschied, ob Sie im Waldorf Astoria oder in einem Motel 6 absteigen. Abschließend ein Tipp für die Ostküste: Wenn Sie von New York aus starten wollen, übernehmen Sie Ihren Mietwagen erst nach dem Aufenthalt in der Stadt, für den Sie ihn nicht brauchen werden, am Flughafen Newark in New Jersey. Der Flughafen ist von Manhattan auch nicht wesentlich weiter entfernt als JFK. In Newark aber bekommen Sie den Wagen jedenfalls bei manchen Anbietern zu den Konditionen für „USA – übrige Staaten", die deutlich günstiger sind als die Konditionen bei einer Übernahme im Staat New York. Fliegen Sie am Ende der Reise von New York aus wieder zurück, dann buchen Sie Ihren Rückflug ebenfalls ab Newark. Dann können Sie Ihren Wagen am Anmietort wieder zurückgeben und haben zugleich Ihren Flughafen für den Rückflug erreicht.

Zu planen sind dann noch die laufenden Kosten Ihrer Reise. Hier sind zu berücksichtigen Verpflegung, Trinkgelder, Fahrtkosten (Benzin, Mautgebühren, Kosten für sonstige Verkehrsmittel) und Eintrittsgelder für diverse Sehenswürdigkeiten (in den USA sehr hoch!). Ich kalkuliere die Durchschnittskosten pro Tag einmal wie folgt:

Frühstück	
für 2 Personen	25 USD
Mittagessen (Imbiss)	
für 2 Personen	30 USD
Abendessen	
für 2 Personen	70 USD
Trinkgelder	20 USD
Fahrtkosten	
(Benzin, Maut)	25 USD
Eintrittsgelder	
für 2 Personen	20 USD
Summe:	190 USD

Bei einer Reise von drei Wochen ergibt sich ein Betrag von knapp 4.000 USD für die laufenden Kosten. Hinzu kommen noch die Kosten für etwaige Mitbringsel. Überlegen Sie, ob Sie bei dem Zuschnitt der von Ihnen geplanten Reise vielleicht weniger, vielleicht aber auch mehr an Aufwendungen haben werden.

1.4 Ausweise und Einreisemodalitäten – worum muss ich mich kümmern?

Mit Ihrer Einreise in die USA überschreiten Sie eine Grenze alten Stils – und nicht nur das! Das Bedürfnis der US-Behörden, sich vor einreisenden Terroristen, aber auch ganz profan vor Leuten zu schützen, die illegal im Lande arbeiten oder sogar für immer bleiben wollen, führt zu bürokratischen Hemmnissen auch für den Touristen, die es zu bewältigen gilt. Eine erste Hürde nehmen Sie bereits mit Ihrer Flugbuchung. Buchen Sie den Flug über ein Reisebüro, erfahren Sie dort Unterstützung. Die Fluggesellschaft ist nämlich verpflichtet, das Land Ihres Hauptwohnsitzes (für Deutsche also in der Regel Deutschland) sowie Ihre vollständige erste Adresse während Ihres Aufenthalts in den USA zu erfassen und die Daten weiterzugeben. Das läuft unter dem Kürzel APIS (Advance Passenger Information Service). In der Praxis führt das dazu, dass Sie mit Ihrer Flugbuchung schon Ihre Unterkunft jedenfalls für die erste Nacht in den USA buchen sollten, um dann mit der Adresse aufwarten zu können. Fragen Sie nicht nach dem tieferen Sinn! An Ihren weiteren Adressen ab der zweiten Nacht hat nämlich (Stand heute) niemand mehr Interesse, was durchaus verwundert, denn das Meldewesen in den USA ist absolut unterentwickelt. Es gibt allerdings (wiederum Stand heute) durchaus Überlegungen, sich von den Touristen weiteres Material über die geplante Reise vorlegen zu lassen bis hin zum kompletten Programm. Dann ist es vorbei mit der Freiheit, sich im

Lande zu tummeln wie es einem einfällt. Ob das kommt, ist aber ungewiss.

Eine zweite Hürde, über die Ihnen in der Regel ebenfalls das Reisebüro hinweghilft, ist das Secure Flight Programm der TSA (Transportation Security Administration). Zu erfassen und zu übermitteln sind hier Ihr vollständiger Name, das Geburtsdatum und das Geschlecht Diese Angaben müssen spätestens beim Betreten des Einstiegsbereichs im Flughafen vorliegen.

Um alles Weitere müssen Sie sich endgültig selbst kümmern. Als deutscher Staatsangehöriger benötigen Sie (das gilt auch für Minderjährige) zunächst einmal einen gültigen Reisepass, dessen Gültigkeit bis einschließlich des Tages Ihrer geplanten Ausreise aus den USA fortbestehen muss. Sodann benötigen Sie entweder ein Visum (wenden Sie sich bei Bedarf an das für Sie zuständige Generalkonsulat der USA) oder eine elektronische Einreisegenehmigung (ESTA), die Sie zur visumfreien Einreise via Internet erwirken müssen. Grundvoraussetzung, dass Sie von dieser Möglichkeit Gebrauch machen können, sind ein sogenannter e-Reisepass mit Chip (hat jeder neuere Pass) und ein zum Zeitpunkt der Reise gültiges Ticket für den Rück- oder Weiterflug. Die Online-Registrierung können Sie über die Startseite

https:// de.usembassy.gov/de/visa/esta/

in deutscher Sprache vornehmen. Lassen Sie sich nicht von geschäftstüchtigen Dienstleistern auf andere, ähnlich klingende Seiten locken, die Ihnen für die mehr oder weniger nutzlose Hilfe beim Ausfüllen des elektronischen Formblatts Zusatzgebühren berechnen. Die US-Behörden fordern Sie am Ende des Formblatts mit Fragen zu Ihrer Person (der Katalog wächst ständig, ist aber normalerweise problemfrei abzuarbeiten) auf, eine Gebühr von 14 US-Dollar (Stand heute) mit einer gängigen Kreditkarte (z.B. Mastercard oder Visa) zu bezahlen. Haben Sie bisher keine solche Karte, sollten Sie sich in jedem Falle jetzt eine anschaffen; Sie werden sie auf Ihrer Reise ohnehin täglich brauchen (dazu siehe Abschnitt 1.5).

Binnen weniger Tage werden Sie dann via Internet den Zugriff auf Ihre Autorisierung durch die US Customs and Border Protection erhalten, die Sie bitte ausdrucken und zu Ihren Reiseunterlagen legen. Sie ist gültig für alle Einreisen innerhalb von 2 Jahren ab Ausstellung bei einem Aufenthalt von jeweils maximal 90 Tagen.

Bitte beachten: Doppelstaatler mit weiterer Staatsangehörigkeit der Staaten Iran, Irak, Syrien oder Sudan können nach heutigem Stand nicht am visumfreien Einreiseprogramm teilnehmen. Gleiches gilt für Personen, die seit 1.3.2011 eines der genannten Länder oder die Staaten Libyen, Jemen oder Somalia besucht haben. In

Zweifelsfällen sollten Sie sich rechtzeitig über das Auswärtige Amt Klarheit verschaffen (geht auch über Internet!).

Sind Sie nicht deutscher Staatsangehöriger, muss ich Sie an dieser Stelle zur Klärung der für Sie gültigen Bedingungen ebenfalls weiter verweisen, und zwar an die zuständigen Behörden Ihres Heimatlandes und/oder an die US-Botschaft in Ihrem Heimatland.

Ergänzend sei noch darauf hingewiesen, dass die US-Behörden neben dem zuvor aufgezeigten „normalen" Verfahren insbesondere für Geschäfts- und Vielreisende vereinfachte Einreiseverfahren geschaffen haben (Global Entry, Automated Passport Control). Da Sie mutmaßlich nicht zum betroffenen Personenkreis gehören, sehe ich von weiteren Erläuterungen zu diesen Verfahren ab.

Das ganze dargestellte Verfahren wird von den US-Behörden natürlich immer wieder auf den Prüfstand gestellt. Änderungen im Detail gibt es häufig; das System insgesamt läuft aber schon seit einigen Jahren wie beschrieben. Vorsichtshalber würde ich Ihnen dennoch empfehlen, den aktuellen Stand der Dinge zum Zeitpunkt Ihrer Einreise nochmals abzuklären.

1.5 Zahlungsmittel

Als Europäer haben wir uns mittlerweile daran gewöhnt, in den von uns bevorzugten Reiseländern mit EC-Karte oder Bargeld in Euro bezahlen zu können. In den USA ist das anders. EC-Karten werden in Hotels, Restaurants und Geschäften nicht akzeptiert und der Euro ist für den Durchschnittsamerikaner ein Stück Buntpapier. In größeren Städten gibt es natürlich Banken und Wechselstuben, in denen Sie Euro gegen Gebühr in die Landeswährung, den Dollar, eintauschen können, und Geldautomaten (ATM) akzeptieren in der Regel zumindest EC-Karten mit dem Maestro-Symbol. Günstig ist es, wenn Sie die EC-Karte einer Bank besitzen, die eine Partnerbank in den USA hat wie z.B. die Deutsche Bank, die Partnerbank der Bank of America ist. Als Inhaber einer EC-Karte der Deutschen Bank können Sie an den Geldautomaten der (recht verbreiteten) Bank of America kostenlos Dollar von Ihrem Girokonto abheben; die Verrechnung erfolgt durch Ihre Heimatbank zum Devisenkurs, also für Sie so günstig wie nur möglich. Sollte Ihnen der Automat eine abweichende Verrechnungsmöglichkeit anbieten: Akzeptieren Sie das nicht! Sie zahlen nur drauf!

Im Übrigen gilt: Bringen Sie US-Dollar in bar nur in begrenztem Umfang mit, denn auch der Umtausch in Europa ist teuer. Ihnen wird der Sortenkurs zuzüglich einer Gebühr in Rechnung gestellt, womit sich die Bank ihre Vorhaltekosten für Fremdwährungen teuer bezahlen lässt. Im Minimum rate ich zu einem Betrag, mit dem Sie das Taxi vom Flughafen zum Hotel und die anfallenden Trinkgelder für den Taxifahrer und den Gepäckträger (dazu siehe unten) zuverlässig bezahlen können. Weiteres Bargeld beschaffen Sie sich an Geldautomaten in den USA, vielleicht schon am Flughafen. Ansonsten benötigen Sie quasi zwingend eine handelsübliche Kreditkarte (am besten: Mastercard oder Visa), mit der sie in den USA nicht nur (fast) überall bezahlen können, sondern die Sie auch brauchen, um im Hotel wie auch bei Anmietung eines Wagens die geforderte Kaution stellen zu können. Manche Kreditkarten können Sie darüber hinaus auch zur kostenfreien Bargeldbeschaffung am Automaten nutzen. Aber Achtung: Das gilt nur für Karten spezieller Anbieter; in der Regel ist die Bargeldbeschaffung via Kreditkarte eher teuer! Achten Sie außerdem darauf, dass der Kreditrahmen Ihrer Karte üppig genug ausgefallen ist, damit Sie zahlungsfähig bleiben, auch wenn Kautionen „geblockt" werden. Ein Verfügungsrahmen von 1.000 Euro im Monat ist keinesfalls ausreichend, 5.000 Euro sind in der Regel ok. Können oder wollen Sie den Verfügungsrahmen Ihrer Karte nicht auf einen solchen Betrag aufstocken, ist es oft möglich, vor Reiseantritt auf das Kreditkartenkonto einen Betrag einzuzahlen, der dann im Folgenden zunächst aufgezehrt wird, bevor der Kredit in Anspruch genommen wird. Auf diese Weise erhöhen Sie Ihren Verfügungsrahmen für Ihre Reise, lassen aber im Übrigen alles beim Alten. Klären Sie im Bedarfsfalle Details mit Ihrer Bank.

Einige ergänzende Hinweise:

Ihre Kreditkarte hat wie die EC-Karte üblicherweise eine PIN, die Sie in Europa oft gar nicht brauchen, weil die Unterschrift genügt. Stellen Sie für Ihre Reise in die USA sicher, dass Sie Ihre PIN kennen!

Wenn Sie zu zweit oder in einer größeren Gruppe reisen, sollten möglichst alle Mitreisenden – Minderjährige natürlich ausgenommen – eine eigene Kreditkarte besitzen. Menschen ohne Kreditkarte gelten in den USA nahezu als asozial.

Ihre Maestro-Karte zur Bargeldbeschaffung lassen Sie bitte vorsorglich vor Reiseantritt von Ihrer Bank zur Verwendung in den USA freischalten. Die Karten sind häufig aus Sicherheitsgründen automatisch nur im Euro-Raum zu benutzen.

Passen Sie in den USA mit Ihrem Bargeld auf! Die Dollar-Scheine, die üblicherweise in Form von Noten über 1 $, 5 $, 10 $, 20 $ und 50 $ im Verkehr sind (die 100 $-Note ist eher selten und wird bei Inzahlunggabe misstrauisch beäugt), sind alle grün und alle gleich groß.

Ein letztes Wort noch zu Reiseschecks: Dollar-Reiseschecks etwa von American Express waren noch vor 10 Jahren ein gängiges Zahlungsmittel, das in den

USA überall problemlos akzeptiert wurde, sofern man den Scheck in Gegenwart des Empfängers persönlich mit der zweiten Unterschrift versehen hat. Die Schecks waren günstig (Kauf zum Devisenkurs mit einem kleinen Zuschlag) und sicher. Leider sind sie in letzter Zeit zunehmend aus dem Zahlungsverkehr verschwunden. Ich würde heute nicht mehr die Hand dafür ins Feuer legen, dass Sie mit dem Zahlungswunsch Reisescheck bei jedem Partner auf Gegenliebe stoßen. Zur Bargeldbeschaffung in der Bank eingesetzt sind die Schecks in meinen Augen kaum praktikabel und viel zu umständlich.

1.6 Gepäck

Zu Ihrem Gepäck möchte ich nur wenige Worte verlieren. Was Sie mitnehmen wollen oder müssen, wissen Sie selbst am besten. Wenn Sie mit einem Wohnmobil reisen, werden Sie mehr Dinge des täglichen Bedarfs einzupacken haben; wenn Sie in Luxusresorts absteigen, werden Sie nicht umhinkommen, auch Kleidung der gehobenen Art mitzunehmen. Für „gewöhnliche" Restaurantbesuche („casual", siehe unten im Abschnitt 4.2) reichen in der Regel Hemd oder T-Shirt, Hose und Schuhe. Das gilt vor allem im Westen der USA, wo man insgesamt eher weniger förmlich ist. Denken Sie aber auch im Sommer daran, warme, wetterfeste Kleidung mitzunehmen, wenn eines ihrer Ziele im Hochgebirge liegt. Der Yellowstone-Nationalpark beispielsweise liegt auf einem Hochplateau auf durchschnittlich 2.440 Metern Höhe; der höchste Punkt liegt auf 3.462 Metern. Hier kann es selbst im August zu Nachtfrösten kommen! Jedes Jahr am 25. August feiert man im Old Faithful Inn, dem historischen Hotel im Park gleich neben dem berühmten Geysir, ein Sommer-Weihnachtsfest mit Christbaum, Lichterketten, Weihnachtsliedern und allem Drum und Dran zur Erinnerung an ein Jahr, in dem zu dieser Zeit das Hotel aufgrund von massiven Schneefällen regelrecht von der Außenwelt abgeschnitten war.

Wenn Sie Elektrogeräte mitnehmen und in den USA betreiben wollen, beschränken Sie sich auf Geräte, die mit einer Spannung von 110 Volt arbeiten können, und denken Sie an einen Adapter, erhältlich z.B in einem Baumarkt. Ich verweise hier auf das Kapitel „Im Hotel", Abschnitt 3.4. Und denken Sie auch daran: Laptops, Foto- und Filmkameras gehören ins Handgepäck (zumindest nach den derzeit gültigen Vorschriften). Laptops müssen Sie beim Security-Check vor dem Abflug sogar noch einmal herausnehmen und gesondert präsentieren.

Wichtig ist: Nehmen Sie nicht zu viel mit! Gewicht und Volumen Ihres Gepäcks sind in erster Linie begrenzt durch die Vorgaben Ihrer Fluglinie. Üblicherweise werden dem Reisenden in der Touristenklasse auf Interkontinentalflügen ein aufzugebendes Gepäckstück mit einem Gewicht von maximal 23 Kilogramm sowie ein Stück Handgepäck zugestanden, bei dem die Gewichtsvorgaben je nach Fluglinie schwanken. 5 bis 6 Kilogramm sind in aller Regel aber zulässig. Beachten Sie außerdem, dass Sie mit reduzierten Gewichtsvorgaben (20 Kilogramm pro aufzugebendem Gepäckstück) rechnen müssen, wenn Sie zusätzlich Inlandsflüge buchen. Jede Kette ist immer nur so stark wie ihr schwächstes Glied! Beachten Sie ferner, dass Sie in den USA möglicherweise auch Dinge einkaufen wollen, die Sie in die Heimat zurückschaffen müssen. Wenn Sie das nicht durch den Verkäufer („we ship anywhere") oder eigene Dienstleister (DHL o.ä.) erledigen lassen können, müssen Sie in Ihrem Gepäck Platz auch für solche Dinge lassen. Ich habe meine USA-Reisen immer zum Anlass genommen, ältere Hemden, Hosen oder Sportschuhe, von denen ich mich ohnehin trennen wollte, einzupacken, in den USA noch einmal zu tragen und dann wegzuwerfen. So etwas schafft dann Platz für Neueinkäufe (siehe dazu auch Hinweise in Kapitel 6 – Ich kaufe ein).

Letztlich muss Ihr Gepäck den Flug und die Grenzkontrollen überstehen. Es ist kaum etwas so unangenehm, wie wenn beim Ausladen des Gepäcks aus dem Taxi vor einem schicken Hotel der Koffer aufplatzt und man seine Habseligkeiten erst einmal unter den neugierigen Augen der Passanten wieder zurück in ihre derangierte Hülle stopfen muss (so ist es mir 1999 in New York passiert). Rechnen Sie damit, dass die Arbeiter am Flughafen (egal an welchem) Ihr Gepäck, sobald Sie es aus den Augen verloren haben, nicht gerade mit Samthandschuhen anfassen. Ihr Koffer sollte das aushalten. Und beachten Sie, dass die amerikanische TSA (s.o.) für sich das Recht in Anspruch nimmt, jedes Gepäckstück zu „filzen" und dazu vorher zu öffnen. Ist Ihr Gepäck verschlossen, kann es ohne Vorwarnung und ohne vorherige Rücksprache aufgebrochen werden. Eine Ausnahme gilt für Gepäck, das mit Schlössern versehen ist, die die TSA mit einem ihr zur Verfügung stehenden Spezialschlüssel öffnen kann. Solche Koffer und Taschen sind seit einiger Zeit bei uns im Handel; erkundigen Sie sich bei Bedarf in einem Fachgeschäft Ihrer Wahl.

1.7 Sprachkenntnisse

Wer auf eigene Faust durch ein Land fährt, sollte sich dort einigermaßen verständlich machen können. Im Falle der USA bedeutet das: ein Mindestmaß an Englischkenntnissen ist nötig. Die USA sind ein Einwanderungsland. Viele Leute, die man dort trifft, sind nicht im Land geboren oder stammen jedenfalls von Vorfahren ab, die irgendwann einmal von weiß Gott woher in das gelobte Land gekommen sind. Wenn Sie in New York vom Flughafen mit dem Taxi nach Manhattan fahren, werden Sie mit hoher Wahrscheinlichkeit schnell merken, dass auch Ihr Chauffeur Englisch nicht mit der Muttermilch eingetrichtert bekommen hat. Erleichtert werden Sie feststellen: so gut kann ich es auch!

Und mehr muss man auch nicht können. Angesichts der vielen Einwanderer im Land ist auch der Durchschnittsamerikaner Kummer gewöhnt. Hauptsache ist: Man kann sich irgendwie verständlich machen und versteht, was ein Gegenüber will. Die Grammatik ist nicht so wichtig. Deshalb: Keine Angst! Wenn Sie in der Schule Englisch gelernt und nicht alles wieder vergessen haben, kommen Sie durch! Der Wortschatz, den Sie brauchen, ist ohnehin begrenzt. Philosophische Diskussionen über den Sinn des Lebens werden Sie nicht zu führen haben. Und für alle Fälle haben Sie, wenn Sie sich nicht sicher fühlen, ein kleines Wörterbuch mit dabei.

Ein letzter Hinweis: Im Süden der USA, vor allem in Florida, wird in manchen Gegenden mehr spanisch als englisch gesprochen. In abgelegenen Ecken Louisianas sprechen die Cajuns einen französischen Dialekt. In den diversen Chinatowns der Großstädte spricht man – natürlich – einen chinesischen Dialekt. Entsprechendes gilt für andere Ecken vor allem der Großstädte, in denen sich geschlossene Gruppen von Einwanderern niedergelassen haben. Die indigenen Einwohner Amerikas haben ihre eigenen Sprachen usw. Niemand wird von Ihnen erwarten, dass Sie alle diese Sprachen beherrschen. Versuchen Sie sich auf Englisch – und irgendwie wird man Sie verstehen.

Niagara Falls, NY/ON

2. Kapitel: Die Einreise

2.1 Die Grenzkontrolle

Sie haben es geschafft! Ihr Flugzeug ist soeben gelandet und zum vielleicht ersten Mal betreten Sie amerikanischen Boden. Im Flugzeug hat man Ihnen ein weißes Formblatt (Zolldeklaration) zum Ausfüllen für sich und Ihre Familie gegeben, in dem Sie u.a. danach gefragt worden sind, ob Sie Waren oder größere Mengen an Devisen, Lebensmittel oder landwirtschaftliche Erzeugnisse mit sich führen – und ob Sie kürzlich einmal auf einem Bauernhof waren. Hoffentlich können Sie alle diese Fragen mit nein beantworten. Füllen Sie das Formblatt noch im Flugzeug vollständig aus, nehmen es an sich – und lassen Sie alles Essbare, das Sie mit sich führen, in der Maschine.

Das „grüne" Formblatt, das Sie vielleicht von früher kennen, wenn Sie schon einmal in den USA waren, und in dem Sie etwaige böse Absichten offenbaren mussten, die Sie mit Ihrem Besuch in den USA in die Tat hätten umsetzen wollen, gibt es nicht mehr. Eine entsprechende Erklärung haben Sie heutzutage bereits abgegeben, als Sie Ihr ESTA-Formular am Computer ausgefüllt haben (s.o.).

In der Ankunftshalle nähern Sie sich der Immigration- (Homeland Security) Kontrolle. Sie reihen sich in die Schlange der Ankömmlinge mit ausländischer Staatsangehörigkeit ohne „green card" ein und warten, bis Sie an einen der vielen Schalter gerufen werden. Ihren Pass sowie Ihr ESTA-Formular halten Sie bereit. Treten Sie einzeln an den Schalter; Ehepaare (ggf. mit Kindern) können zusammen bleiben.

Geben Sie Ihren Pass dem Beamten. Sie müssen Ihre Fingerabdrücke hinterlassen; außerdem wird ein digitales Foto gefertigt. Der Beamte gibt die nötigen Anweisungen, denen Sie mit dem gebotenen Ernst Folge leisten. Gelegentlich werden Sie etwas gefragt, z.B. welchen Beruf Sie in Ihrem Heimatland ausüben. Ziel der Frage ist stets abzuklären, ob es sich bei Ihnen möglicherweise um einen illegalen Einwanderer handeln könnte oder ob Sie beabsichtigen könnten, sich illegal ausbilden zu lassen oder zu arbeiten. Antworten Sie höflich und ernsthaft, also ohne jeden Versuch, sich über die Prozedur lustig zu machen. Humor ist hier nicht angebracht!

Wenn der Beamte am Ende der Prozedur einen Sichtvermerk in Ihren Pass stempelt, sind Sie zur Einreise zugelassen. Sie gehen einen Saal weiter, entweder um Ihren Anschlussflug zu erreichen („flight connection") oder, wenn Ihr Gepäck nicht „durchgecheckt" wurde oder Sie Ihre Zieldestination bereits erreicht haben, um Ihr Gepäck zu holen, das in diesem Falle längst auf dem

Laufband Ihres Fluges kreist. Jetzt nähern Sie sich dem Ausgang. Dort wartet ein an Ausländern zumeist ziemlich uninteressierter Zollbeamter, dem Sie Ihre Zolldeklaration überreichen. Wenn Sie Pech haben, wird Ihr Gepäck an dieser Stelle einer Inspektion unterzogen. Im Wesentlichen wird nachgeschaut, ob Sie tatsächlich keine Lebensmittel oder Pflanzen mit sich führen. Die USA haben große Angst davor, dass Touristen Schädlinge einschleppen könnten, die in Amerika bisher nicht heimisch sind. Ähnliche Kontrollen gibt es übrigens auch bei einigen inneramerikanischen Flügen, insbesondere von und nach Hawaii.

Dann haben Sie es endgültig geschafft.

2.2 Transfer zur Unterkunft

Wenn Sie sich entschlossen haben, bereits vor dem Transfer zur ersten Unterkunft Ihren Mietwagen zu übernehmen, begeben sie sich jetzt zum Schalter Ihres Mietwagenunternehmens, lassen Sie sich – zumeist per Shuttle – kostenfrei zur Mietwagenstation bringen und übernehmen dort den Wagen, um selbst zu Ihrer Unterkunft zu fahren. Ich verweise dazu auf meine Hinweise im nächsten Abschnitt.

Haben Sie einen Transfer von einem Veranstalter gebucht oder lassen Sie sich von einem Limousinendienst abholen, folgen Sie den Ihnen vom Anbieter erteilten Hinweisen. Im erstgenannten Fall müssen Sie sich höchstwahrscheinlich zu einem Bus oder Großraumfahrzeug begeben, das vor dem Flughafen auf Sie wartet und üblicherweise entsprechend beschildert ist. Im letztgenannten Fall wird Sie der Fahrer der Limousine vor dem Ankunftsbereich des Flughafens mit einem Schild erwarten, auf dem Ihr Name steht.

Haben Sie keinen Transfer gebucht und wollen auch Ihr Mietfahrzeug erst ausgeruht und bei Tageslicht am nächstfolgenden Tag oder (sehr vernünftig!) überhaupt erst dann übernehmen, wenn Sie die Metropole, in der Sie gelandet sind, wieder verlassen, dann begeben Sie sich, wenn Sie aus dem Flughafengebäude heraustreten, zum nächsten Taxistand. Sie werden ihn nicht verfehlen! Geben Sie die Adresse Ihrer Unterkunft an und lassen Sie sich hinfahren. Wenn der Fahrer ordentlich gefahren ist und Ihnen auch mit dem Gepäck geholfen hat, geben Sie ihm am Ende ein Trinkgeld in Höhe von ca. 10% des Fahrpreises vor Steuern (zur Preisgestaltung in den USA komme ich noch!). Fahrpreis und Trinkgeld sollten Sie abgezählt zur Hand haben; die Fahrer behaupten manchmal, nicht wechseln zu können. Gelegentlich akzeptieren auch die Taxifahrer eine Kreditkarte; sicher ist das aber nicht.

2.3 Übernahme des Mietfahrzeugs

Ihr Mietfahrzeug übernehmen Sie an der Station Ihres Vermieters, die Sie bei Buchung des Wagens festgelegt haben. Häufig ist das bei einem PKW eine Flughafenstation, gelegentlich aber auch eine Station in der Innenstadt. Sie begeben sich zur Station entweder direkt vom Flughafen aus mit dem Shuttlebus der Mietwagengesellschaft oder, z.B. von Ihrem Hotel aus, zu Fuß oder mit dem Taxi. Sagen Sie dem Fahrer, er solle Sie zur „Pickup"-Station des Mietwagenunternehmens bringen, wenn Sie zum Flughafen fahren müssen. Aufnahme- und Rückgabestationen sind an den Flughäfen gelegentlich getrennt.

Am Schalter der Station legen Sie den Voucher über den von Ihnen gebuchten Wagen, Ihren Ausweis, Ihren nationalen Führerschein und Ihre Kreditkarte vor. Der Angestellte wird Ihre Kreditkarte „scannen" und eine Kaution „blocken". Dann wird er einen amerikanischen Vertrag über Ihren Mietwagen vorbereiten, den Sie am Ende unterschreiben müssen. Datiert wird in den USA nach dem Modus MM DD JJJJ, also erst Monat, dann Tag! Erst mit dem amerikanischen Vertrag bekommen Sie den Wagen. In aller Regel können Sie sich aber darauf verlassen, dass in dem Vertrag die Konditionen wiedergegeben sind, die Sie in Europa bei Buchung des Wagens vereinbart haben. Ein seriöses Mietwagenunternehmen wird es sich nicht mit dem Reiseveranstalter verderben wollen, mit dem es in jahrelanger, ständiger Geschäftsbeziehung steht. Aufpassen müssen Sie allerdings mit den Versicherungen. Obwohl Sie bei der Buchung genau festgelegt haben, welche Versicherungen Sie abschließen wollen, beten manche Angestellte vor Ort nochmals den ganzen Katalog möglicher Versicherungen herunter in der Hoffnung, zu zusätzlichen Abschlüssen zu kommen. Erklären Sie stoisch, nur die Versicherungen abschließen zu wollen, die im Voucher genannt sind („no other insurances, please"). Eine weitere Frage gilt häufig der „fuel option". Gemeint ist die Frage, ob Sie den ersten Tankinhalt des Mietwagens käuflich erwerben wollen (bei Buchungen von Paket B zumeist eingeschlossen, s.o.). Wenn Sie von der angebotenen Möglichkeit Gebrauch machen, überlässt Ihnen die Gesellschaft den ersten Tankinhalt des Wagens zu einem gehobenen Preis, verglichen mit den Preisen der nächstgelegenen Tankstellen. Sie können den Wagen dann aber mit leerem Tank zurückgeben; Benzin, das noch im Tank ist, schenken Sie quasi dem Mietwagenunternehmen. Machen Sie von dem Angebot keinen Gebrauch, müssen Sie den Wagen vollgetankt zurückgeben. Ob Sie Ihrer Verpflichtung nachgekommen sind, wird am Ende genau geprüft. Zeigt die Tankuhr an, dass der Tank nicht voll ist, setzt es eine saftige Strafgebühr. Eine letzte Frage, die zu klären ist, betrifft mögliche weitere Fahrer des Fahrzeugs („additional drivers"). Wünschen Sie eine entsprechende Registrierung, ohne die niemand außer Ihnen den Wagen fahren darf, fällt wiederum eine Zusatzgebühr vor Ort an, soweit die Zusatzfahrer nicht schon bei Buchung (Paket B) mit inbegriffen sind. In einigen westlichen Bundesstaaten der USA sind darüber hinaus Ehepartner als Zusatzfahrer bei manchen Vermietern generell kostenfrei. Weitere Fahrer müssen ebenfalls ihren Ausweis und ihren nationalen Führerschein vorlegen; eine eigene Kaution, wie sie der Mieter zu stellen hat und die über die Kreditkarte „geblockt" wird, entfällt üblicherweise. Dafür müssen Sie als Mieter eine Erklärung unterschreiben, nach der Sie für alle Untaten der von Ihnen benannten weiteren Fahrer haften.

Alle Zusatzgebühren sowie etwaige Strafzahlungen wegen des Tankinhalts werden erst bei Rückgabe des Mietwagens abgebucht. Man wird Sie dann fragen, ob die Kosten Ihrer Kreditkarte belastet werden sollen, und Sie werden dem zustimmen. Der Vermieter seinerseits wird die gestellte Kaution auch ohne Aufforderung wieder freigeben. Damit ist der finanzielle Teil abgeschlossen.

Nach Unterzeichnung des Vertrages und Übergabe einer Kopie wird man Ihnen mit einer Handbewegung ins Ungefähre bedeuten, Sie könnten sich jetzt das Fahrzeug nehmen, das „da draußen" geparkt sei. Es handele sich um einen weißen (die Farbe ist von mir beliebig gewählt) Chevy, Ford o.ä. Sie haben nie den Anspruch auf ein Auto einer bestimmten Marke, sondern immer nur auf ein Auto einer bestimmten Kategorie (z.B. full size car). Der Augenblick der Übernahme ist deshalb immer auch ein Moment der Überraschung. Gott sei

Dank sind wenigstens Marke, Farbe und das Kennzeichen des Wagens auf dem Vertrag notiert, so dass Sie das Auto mit einiger Wahrscheinlichkeit auf dem Parkplatz finden werden. Der Schlüssel steckt gewöhnlich. Gehen Sie einmal um den Wagen herum und prüfen Sie, ob Ihnen Beschädigungen auffallen. Gegebenenfalls machen Sie Fotos, gehen zum Schalter zurück und bitten, die Schäden im Vertrag oder in einem gesonderten Protokoll festzuhalten. Seien Sie dabei nicht zu kleinlich: Angesichts Ihrer Vollkaskoversicherung interessiert sich bei Rückgabe Ihres Fahrzeugs kein Mensch für dessen genaueren Zustand – es sei denn, Sie hätten das Fahrzeug grob beschädigt. Laden Sie jetzt Ihr Gepäck ein. Passen Sie dabei auf: Kofferraumdeckel speziell von Wagen aus US – Produktion haben oft ungesicherte, ziemlich scharfe Bügel, die sich beim Schließen des Deckels in den Kofferraum hineinbewegen. Wenn jetzt ein Gepäckstück im Wege ist, kann das für das Gepäck böse enden.

Steigen Sie nun ein und machen Sie sich mit dem Fahrzeug vertraut. Die Bedienungsanleitung finden Sie im Handschuhfach; hoffen Sie nicht darauf, dass noch jemand kommt, der Ihnen den Wagen näher erklärt. Haben Sie über einen der großen Anbieter gebucht, können Sie ein ziemlich neuwertiges Fahrzeug erwarten. Ich habe in Denver einmal einen Buick mit genau 2 Meilen auf dem Tacho übernommen. Starten Sie allerdings eine Ein-Weg-Tour, bekommen Sie in der Regel ein nicht ganz so neues Fahrzeug, weil der Vermieter vor Ort davon ausgehen muss, diesen Wagen nicht wieder zu sehen (für den Ausgleich zwischen den örtlichen Betrieben sorgt die Muttergesellschaft, wenn sie nicht von vorneherein für Ihren Vertrag ein „Bundes-Fahrzeug" stellt). Wenn Sie soweit sind, dann starten Sie. Am Tor des Geländes müssen Sie noch einmal halten und Ihren Vertrag vorweisen. Der Wachmann checkt alle Daten und entlässt Sie in den öffentlichen Verkehr.

Bei Übernahme eines Wohnmobils geht es ähnlich zu mit der Maßgabe, dass Sie der Vermieter hier üblicherweise in den Gebrauch des Fahrzeugs genauer einweisen lässt und auch bei der Nachschau vertreten ist, ob das vereinbarte Equipment an Bord ist. Fahren Sie am Anfang vorsichtig, vor allem wenn Sie zu Hause bisher ein Fahrzeug dieser Größenklasse noch nicht gefahren haben!

Ein letzter Hinweis: Beim Einstieg in Ihr Mietfahrzeug insbesondere des Vermieters Hertz fällt Ihnen möglicherweise ein kleines graues Kästchen auf, etwas größer als eine Streichholzschachtel, angebracht innen an der Frontscheibe oben mittig, je nach Fahrzeugtyp teilweise verdeckt durch den Halter des Rückspiegels. Es handelt sich um eine Vorrichtung, um Straßenmaut („Toll") elek- tronisch bezahlen zu können. Mit den Unterlagen über die Buchung Ihres Mietwagens haben Sie wahrscheinlich bereits zuhause Informationsmaterial über dieses System erhalten; entsprechende Informationen haben vermutlich auch am Schalter Ihres Vermieters ausgelegen. Dieser hat mit der Frage, ob Sie von den Möglichkeiten der elektronischen Maut Gebrauch machen wollen, aber nichts weiter zu tun. Ihr Vertragspartner ist ggf. die Gesellschaft, die das Kästchen („PlatePass") stellt und die Gebühren über Ihre Kreditkarte belastet. Die Daten der Karte werden im Bedarfsfall über den Wagenvermieter erhoben. Um das elektronische Erfassungssystem zu aktivieren, müssen Sie lediglich die kleine Schublade der „Streichholzschachtel", an der ein kleiner Griff angebracht ist, nach links herausziehen, soweit es geht. Schon ist das System „scharf". Sie können jetzt an vielen Mautstraßen bzw. Mautstellen verschiedener Betreiber, die entsprechend gekennzeichnet sind (genauere Informationen sind über das Internet erhältlich), fast überall in den USA auf der dafür vorgesehenen Extraspur (soweit vorhanden) die Zahlstation (bitte nicht zu schnell) passieren, ohne anhalten und mit abgezähltem Kleingeld Ihren Obolus entrichten zu müssen. Wenn Sie längere Zeit keine Mautstraße benützen, können Sie die Schublade Ihres Gerätes auch wieder hineinschieben, um Sie bei Bedarf wieder herauszuholen. Wenn Sie das System nicht aktivieren, müssen Sie an den Mautstellen, soweit möglich, mit Bargeld zahlen. Weitere Kosten haben Sie dann nicht.

Was kostet das System? „PlatePass" berechnet eine Grundgebühr von derzeit 4,95 US-Dollar pro Tag, maximal 24,75 US-Dollar pro Monat zuzüglich der jeweils fälligen Straßenmaut. Die Kosten werden gesammelt nachträglich belastet.

Brauche ich das System? Wenn Sie dem „PlatePass" nicht schon aus Gründen der Bequemlichkeit den Vorzug geben, dann kommt es darauf an, wo Sie sich in den USA bewegen wollen. Im Detail verweise ich hier auf meine Bemerkungen zum Thema Straßenmaut unten im Kapitel 5 „On the Road".

Freiheitsstatue, New York, NY

3. Kapitel: Im Hotel

3.1 Ankunft und Parken

Sie nähern sich mit Ihrem Auto der von Ihnen gebuchten Unterkunft. Sie sollten nicht vor 15.00 Uhr Ortszeit erscheinen, sonst laufen Sie Gefahr, dass Ihr Zimmer noch nicht zur Verfügung steht. Sind Sie doch einmal etwas früher dran, können Sie zumindest erwarten, dass man Ihnen gestattet, Ihr Auto abzustellen (dazu Näheres sogleich). Gehen Sie in diesem Fall einfach noch ein wenig spazieren oder starten Sie Ihr ohnehin geplantes Besichtigungsprogramm, bis Ihr Zimmer fertig ist. Können Sie schon absehen, dass Sie Ihr Quartier erst nach 18.00 Uhr erreichen werden, kündigen Sie der Rezeption schon bei der Buchung, telefonisch oder wie auch immer sonst eine „late arrival" an. Ihr Zimmer bleibt für Sie reserviert, weil Sie die Bezahlung durch Vorauszahlung oder über Ihre Kreditkarte garantiert haben.

Nach den Buchungsunterlagen verfügt Ihre Unterkunft über Parkmöglichkeiten. Jetzt gilt es herauszufinden, wie diese Möglichkeiten konkret aussehen. Am einfachsten ist die Frage bei einem Motel auf dem Lande zu beurteilen: Sie fahren auf den Hof, stellen Ihr Fahrzeug zunächst einmal irgendwo dort ab, checken ein und fahren dann mit Ihrem Wagen zu dem Abstellplatz vor

Ihrer Zimmertür. In der Stadt ist alles schon etwas komplizierter. Viele Hotels haben eigene Parkplätze oder ein Parkhaus, das Sie benutzen können. Wenn Sie dazu an einer Schranke einen Parkschein ziehen müssen, dann tun Sie das und legen den Parkschein beim Einchecken an der Rezeption vor. Man wird Ihnen dort sagen, wie weiter zu verfahren ist. In der Regel wird der Parkschein markiert und Sie können mit seiner Hilfe dann die Schranke an der Ausfahrt wieder öffnen. Etwaige Kosten für den Parkplatz (in New York bis zu 50 US-Dollar pro Nacht!) werden Ihnen mit der Hotelrechnung präsentiert.

Eine Besonderheit, bequem aber teuer, ist das Valet-Parking. In einigen Fällen – betroffen sind vor allem renommierte alte Hotels im Zentrum der Großstädte - verfügt das Haus selbst gar nicht über die Möglichkeit, Fahrzeuge der Gäste unterzubringen. Die Lösung sieht so aus, dass vor dem Haupteingang am Straßenrand, in der Regel neben einem Schild mit der Aufschrift „Valet Parking", ein freundlicher Mensch steht, der den Wagenschlüssel entgegennimmt, während ein anderer freundlicher Geist Ihr Gepäck entlädt oder Ihnen jedenfalls dabei behilflich ist. Sie bekommen ein Ticket, mit dem Sie den Wagen bei Bedarf entweder an der Hotelrezeption oder bei einem vor der Tür wartenden Angestellten der Valet-Firma wieder anfordern können. Dann wird der Wagen von einem Angestellten irgendwo in der Stadt geparkt, wo die Valet-Firma entsprechende Plätze unterhält. Bezahlt wird am Ende entweder mit der Hotelrechnung oder gesondert beim Angestellten der Valet-

Firma, der den Wagen holt und in jedem Fall auch ein paar Dollar Trinkgeld erwartet.

3.2 Gepäcktransport

Je nach Status des Hotels bzw. Verfügbarkeit von Bediensteten kümmert sich entweder ein Gepäckträger („Bell Boy") um Ihr Gepäck - oder Sie machen das selbst. Wenn Ihr Mietwagen nicht sowieso schon vor der Zimmertüre parkt (s.o.), können Sie sich dazu in den meisten Häusern wie gelegentlich auch bei uns kleiner Handwagen mit Messingrahmen bedienen, auf denen das Gepäck auch einer größeren Familie Platz findet. Sie finden diese Wagen im Eingangsbereich des Hotels. Gehen oder fahren Sie jetzt zur Rezeption, checken Sie ein (siehe sogleich) und bringen Ihr Gepäck dann auf Ihr Zimmer. Erledigt ein Gepäckträger das für Sie, bekommt er ein Trinkgeld in Höhe von 1 bis 2 Dollar pro Gepäckstück. Vergessen Sie nicht, einen von Ihnen genutzten Handwagen nach Gebrauch wieder zurück zu bringen.

3.3 Check-In

An der Rezeption stellen Sie sich vor und verweisen darauf, dass für Sie ein Zimmer reserviert ist. Gleichzeitig präsentieren Sie – so vorhanden – Ihren Hotelvoucher. Der diensthabende Angestellte überprüft Ihre Angaben und bittet Sie um Vorlage einer ID (Identitätsnachweis, also Reisepass oder Ihren Personalausweis) sowie Ihrer Kreditkarte. Sie werden ferner aufgefordert, einen Anmeldebogen auszufüllen. Letzteres machen Sie und geben Ihre persönlichen Daten und Ihre Heimatadresse an. Als Telefonnummer tragen Sie ein *49 mit Ihrer Ortsvorwahl ohne die 0 und dieser nachfolgend Ihre Festnetznummer. Gefragt werden Sie außerdem oft nach Marke, Farbe und Kennzeichen des Autos, mit dem Sie unterwegs sind. Wenn Sie sich das Kennzeichen bisher noch nicht gemerkt haben sollten, finden Sie es u.a. auf dem Anhänger Ihres Autoschlüssels. Dumm allerdings, wenn Sie den vorher dem Valet-Mann in die Hand gedrückt haben.

Verkneifen Sie sich die Frage, warum das Hotel Ihre Kreditkarte registrieren möchte, auch wenn Sie das Zimmer vorab bereits bezahlt haben. Man würde Ihnen nur antworten: „for incidentals" – und Sie sind so klug als wie zuvor. Tatsächlich nutzt das Hotel Ihre Kreditkarte nicht nur als Sicherheit für die Zahlung des Zimmerpreises, sondern auch als Sicherheit für mögliche weitere Kosten, angefangen von Entgelten bei einer Nutzung der Minibar über die Parkgebühren bis zu Schadenersatzforderungen bei Diebstahl oder Beschädigung der Einrichtung. Sollte so etwas nicht anfallen, brauchen Sie mit einer Belastung im Ergebnis nicht zu rechnen, obwohl manche Hotels sogar vorsorglich bestimmte Pauschalbeträge „blocken", die bei Abreise wieder freigegeben werden. Proteste gegen diese Verfahrensweise sind völlig nutzlos.

3.4 Stockwerke, Zimmer

Eine Eigenart der Amerikaner betrifft die Bezeichnung von Stockwerken mehrstöckiger Gebäude. Die Bezeichnung Erdgeschoss ist vollkommen ungebräuchlich. Das Erdgeschoss wird üblicherweise als 1. Stock bezeichnet. Ihm folgt der 2. Stock usw. Haben Sie also ein Zimmer im 2. Stock Ihres Hotels erhalten, kenntlich an einer Zimmernummer, die mit 2 beginnt, so logieren Sie nach europäischen Maßstäben im 1. Stock. Logieren Sie in einem Hochhaus, wird Ihnen vielleicht auffallen, dass es auch einen 13. Stock nicht gibt. Auf Stockwerk 12 folgt Stockwerk 14. Man ist eben ziemlich abergläubisch.

Motels haben diese Probleme eher nicht. Sie sind üblicherweise ebenerdig. Manche haben allerdings auch noch ein- bis zwei Stockwerke über dem Erdgeschoss (1. Stock!), die alle über ein außenliegendes Treppenhaus miteinander verbunden sind. Die Zimmer sind angemessen groß, haben entweder ein Kingsize- oder zwei Queensize-Betten, Klimaanlage, Waschgelegenheit, Dusche und WC. Üblicherweise sind ein Telefon, ein Fernseher und ein Föhn sowie ein Bügelbrett und ein Bügeleisen vorhanden, gelegentlich auch ein Kühlschrank und ein kleiner Tresor mit programmierbarem Zahlenschloss. Eine besondere Annehmlichkeit bildet die mit zum Standardrepertoire gehörende Kaffeemaschine nebst entsprechendem Equipment.

Hotelzimmer sind über ein innenliegendes Treppenhaus, gewöhnlich aber vor allem über einen Aufzug erreichbar. Größe und Ausstattung schwanken je nach Kategorie. Die für Motels genannte Ausstattung kann aber in jedem Fall als Mindeststandard auch für ein Hotelzimmer angenommen werden mit der Maßgabe, dass Bügelbrett, Bügeleisen und Kühlschrank weniger häufig anzutreffen sind. Gelegentlich stehen Wasserflaschen auf dem Buffet. Überzeugen Sie sich, ob es sich dabei um eine Spende des Hauses handelt („complimentary") oder ob Sie den Preis für das Wasser, wenn Sie es trinken, als Posten der Schlussrechnung wiederfinden werden. Entsprechendes gilt für Äpfel und anderes Obst, das malerisch auf dem Buffet drapiert sein kann.

In Motels wie Hotels ist WLAN (dort WiFi genannt) eigentlich Standard. Nur weniger Häuser der gehobenen Kategorie erlauben sich noch die Frechheit, dafür Gebühren in Rechnung zu stellen. Erkundigen Sie sich nach den Einwahlmodalitäten!

Steckdosen finden sich natürlich in jedem Zimmer. Sie sind für Europäer nur nicht ohne weiteres nutzbar, weil europäische, speziell deutsche Stecker nicht passen – sieht man einmal davon ab, dass sich im Bad gelegentlich eine Flachsteckdose für Rasierer findet. Man braucht also einen Adapter, den man sich von zuhause mitbringen muss! Ein zweites Problem betrifft die Stromspannung. Üblich sind in den USA 110 Volt. Mehr schaffen die vorsintflutlichen Überlandleitungen nicht. Sie können daher in den USA mitgebrachte Elektrogeräte nur betreiben, wenn diese auch mit einer Spannung von 110 Volt funktionieren. Überzeugen Sie sich am besten vorab! Problemlos funktionieren moderne Elektrorasierer sowie das Aufladen von Akkus für Film- und Fotokameras, Handys und Computer jeglicher Art – vorausgesetzt, Sie haben überhaupt Strom! In historischen Hotels, die im Außenbereich liegen, ist dies nicht immer selbstverständlich. Rechnen Sie hier mit gelegentlichen Stromausfällen, die Auswirkungen auch auf die Küche haben können. Ich habe so etwas in der Crater Lake Lodge in Oregon einmal erlebt. Hier bewährt es sich, wenn man eine Taschenlampe mit sich führt und vielleicht auch beim letzten Einkauf im Supermarkt ein paar Kekse für den kleinen Hunger erstanden hat.

Zum Thema Handy gilt es außerdem zu beachten: Erforderlich ist in den USA ein Tri- oder Quadband-Handy. Dualband-Handys unterstützen lediglich die Frequenzbänder 900 und 1800 des Mobilfunkstandards GSM, mit denen man in Europa problemlos telefonieren kann. In den USA hingegen läuft GSM über GSM 850 und 1900. Diese Signale können nur Tri- und Quadbandhandys empfangen. Dualband-Handys bleiben stumm! Überzeugen Sie sich deshalb vor Ihrer Abreise, ob Sie mit Ihrem Handy in den USA überhaupt etwas anfangen können – und informieren Sie sich auch über mögliche dabei anfallende Kosten!

3.5 Essen und Trinken

Zum Thema Essen und Trinken verweise ich zunächst einmal auf meine Bemerkungen in Kapitel 4 zum Thema „Im Restaurant". An dieser Stelle ergänzend Folgendes:

Im Gegensatz zu Europa ist bei Buchung eines Zimmers in einem amerikanischen Hotel bzw. Motel das Frühstück normalerweise nicht inbegriffen. Gefrühstückt werden kann in einem Hotel meist dennoch im Haus; üblicherweise wird ein Buffet angeboten, das umfassend ausgestattet, aber auch ziemlich teuer ist bei gelegentlich eher bescheidener Qualität. Wenn Sie es sich zeitlich leisten können, frühstücken Sie außer Haus in einem Coffee-Shop (gelegentlich auch als eigener Shop in das Hotel integriert) oder in einem sonstigen Restaurant, das Frühstück anbietet. Solche Restaurants, die sich zumeist sogar auf das Frühstück und ggf. noch den Lunch spezialisiert haben, sind in den USA häufig und bestimmt auch in der Nähe Ihres Hotels zu finden.

Sollten Sie in Ihrer Unterkunft allerdings ein kostenfreies Frühstück erhalten können, dann machen Sie davon natürlich Gebrauch. Angeboten wird in diesem Fall entweder im Foyer oder in einem eigenen Frühstücksraum ein üblicherweise buntes Potpourri aus Kaffee, Tee (jeweils aus dem Automaten), Säften, Kuchen, Toast, Cornflakes, Oatmeal (Getreidebrei), Früchten, Joghurt usw. Gelegentlich sind auch Rührei oder hartgekochte Eier im Angebot. Fortschrittliche Hotels bieten daneben eine Waffelmaschine an, mit deren Hilfe Sie aus bereitstehenden Teigportionen selbst frische Waffeln backen können. Beachten Sie die Gebrauchsanleitung vor Ort! Das „continental breakfast" früherer Jahre (Kaffee und ein Plunderteilchen) ist zu Recht nahezu ausgestorben.

Das Hotelrestaurant bietet natürlich auch Speisen zu den anderen Hauptmahlzeiten an, zumindest aber am Abend. Hier gilt im Wesentlichen nichts anderes als allgemein im Restaurant, weshalb ich auch an dieser Stelle auf dieses Kapitel verweisen darf. In der Mehrzahl der Fälle essen Sie allerdings auswärts deutlich besser, vor allem mit einer reichhaltigeren Auswahl, als im Restaurant des eigenen Hotels, jedenfalls sofern es sich dabei um einen echten Eigenbetrieb und nicht um ein Restaurant handelt, das nur zufällig im gleichen Haus angesiedelt ist. Ausnahmen bestätigen die Regel.

Ergänzend noch zum Thema Getränke: Ein Drink an der Hotelbar ist natürlich immer drin, wenn Sie dort nicht auf johlende Reisegruppen oder andere vergnügte Scharen stoßen. In nahezu jedem Stockwerk des Hauses finden Sie außerdem Vending Machines mit Softdrinks gegen den späten Durst.

3.6 Besondere Einrichtungen

Viele Hotels bieten eine Reihe von Einrichtungen, von denen der Gast – gelegentlich gegen zusätzliche Gebühr - Gebrauch machen kann, wie etwa Konferenzräume (werden Sie als Tourist nicht benötigen), Waschmaschinen und Trockner, Räume mit Fitnessgeräten (vulgo: Folterkammern) und/oder Indoor- bzw. Outdoor-Pools. Genießen Sie das Angebot. Für den Pool werden zumeist kostenfrei an der Rezeption oder vor Ort eigene Pool-Towels bereitgehalten. Sie brauchen also weder eigene noch die für Ihr Bad bereitgestellten Handtücher zum Pool mitzunehmen.

Eine Besonderheit amerikanischer Hotels und Motels sind die Eismaschinen. In jedem Haus, auch in den Häusern gehobener Kategorie, gibt es auf mindestens einem Stockwerk eine Eismaschine, die auf Knopfdruck kostenlos Eiswürfel en gros auswirft. In jedem Zimmer steht ein kleiner Eimer (Sektkühler?) bereit, um das Eis abzuholen. Sie können das Eis benutzen, um auf ihrem Zimmer gekühlte Getränke zu genießen. Sie können damit aber auch einen ebenfalls bereitliegenden Plastikbeutel füllen, diesen in Ihre Eiskiste (vgl. dazu Kapitel 6 - Ich kaufe ein) legen und so Ihre eigenen, mitgebrachten Getränke kühlen – im Zimmer, wenn Sie keinen Kühlschrank zur Verfügung haben, vor allem aber während der Weiterfahrt in die nächste Unterkunft. So ist, wenn Sie entsprechend einkaufen, am Ende einer Tagestour immer sofort für ein kühles Getränk Ihrer Wahl gesorgt! Das ist vor allem bei Reisen durch Gegenden mit einer Außentemperatur von deutlich über 30 Grad Celsius ein wahrer Genuss.

3.7 Check-Out

Sie müssen Ihr Hotel wieder verlassen. Die vom Hotel gesetzte, spätest mögliche Check-Out-Time entnehmen Sie den Unterlagen, die Sie in Ihrem Zimmer vorgefunden haben (Check-Out Limit regelmäßig nicht vor 10.00 Uhr, spätestens aber um 12.00 Uhr). Wollen Sie am Ort noch etwas erledigen, packen Sie Ihr Gepäck nach dem Check-Out in den Wagen und bitten um die Erlaubnis, diesen noch etwas länger auf dem Parkplatz stehen lassen zu dürfen. In der Regel wird das problemlos möglich sein.

Versuchen Sie, den Ruf deutscher Touristen zu wahren, indem Sie in Ihrem Zimmer kein Chaos, dafür aber ein Trinkgeld für den Room Service hinterlassen, jedenfalls wenn Sie mehr als nur eine Nacht geblieben sind (ca. 1 – 2 Dollar pro Nacht genügen). Passen Sie auf, dass Sie all Ihre Habseligkeiten eingepackt haben. Es ist mehr als unangenehm, wenn Sie während der Weiterfahrt zu Ihrem nächsten Ziel entdecken, dass Sie etwas Wichtiges in Ihrer letzten Unterkunft vergessen haben. Sollte das doch passieren, rufen Sie die Rezeption im letzten Quartier an und bitten, man möge Ihnen das vergessene Stück, das der Room Service wahrscheinlich schon gefunden und hoffentlich nicht entsorgt hat, in ein Quartier nachsenden, dass Sie in den nächsten Tagen erreichen werden, möglichst ein Quartier, an dem Sie sich mehrere Tage aufhalten werden. Sagen Sie zu, für die Kosten geradezustehen und bitten, diese nachträglich Ihrer Kreditkarte zu belasten. Bei mir hat so etwas tatsächlich einmal funktioniert.

Schaffen Sie jetzt Ihr Gepäck in die Lobby oder erbitten Sie dazu die Hilfe des Bell Boys, erklären Sie an der Rezeption, jetzt auschecken zu wollen und bezahlen Sie Ihre Rechnung. Wenn das Zimmer nicht schon vorab bezahlt worden ist, geben Sie Ihr Einverständnis, Ihre Kreditkarte zu belasten. Fordern Sie in jedem Fall, Ihnen eine ausgedruckte Rechnung zu überlassen, auch wenn diese bereits bezahlt ist. Das hilft, später einmal etwaige Komplikationen aufzuklären, wenn es wider Erwarten zu Fehlern bei der Kreditkartenabrechnung kommt (ist mir in 20 Jahren einmal passiert).

Jetzt können Sie abreisen.

Hotel Monteleone, New Orleans, LA

4. Kapitel: Im Restaurant

4.1 Auswahl und Reservierung

Restaurants gibt es in den USA in allen Preislagen und in allen kulinarischen Richtungen. Die Auswahl fällt dem Reisenden trotzdem oder gerade deswegen oft schwer. Wer fremd in einer Stadt ist und vielleicht auch nur eine Nacht bleibt, weiß in der Regel nicht, wohin er sich wenden soll, um ein vernünftiges Essen einzunehmen, das seinen Vorstellungen auch nur in etwa entspricht. Man kann natürlich auf gut Glück die nächstgelegene Lokalität aufsuchen. Oft gibt es auch Lokale, die zu bestimmten Ketten gehören. Dazu zählen nicht nur Burgerbrater, sondern beispielsweise auch Steakhäuser, die gute Qualität bieten. Wenn man ein solches Lokal schon einmal in einer anderen Stadt kennengelernt hat und zufrieden war, fällt die Entscheidung nicht schwer, auch am neuen Ort dieser Kette zu vertrauen. Wenn Sie etwas anderes suchen: In fast jedem Motel oder Hotel gibt es an der Rezeption oder in den Unterlagen, die Sie im Zimmer vorfinden, Tipps für Lokale, in denen man essen kann. Vielleicht hat auch der Reiseführer, auf den Sie vertrauen, einen „heißen" Tipp. Ich persönlich schwöre hier auf die Tour Books des AAA (siehe oben Abschnitt 1.1), die Restaurantempfehlungen für nahezu jeden denkbaren Ort der USA enthalten mit Hinweisen auf die Adresse, die erwartete Kleidung (dazu sogleich im Abschnitt 4.2), die angebotenen Speisen, das zu erwartenden Qualitäts- und Preisniveau sowie die Parkplatzsituation, auf die man sich einstellen kann. Eine wahre Fundgrube für den Neuankömmling in einer fremden Stadt!

Einem Tour Book können Sie übrigens auch immer entnehmen, ob eine Tischreservierung empfohlen oder gar zwingend geboten ist. Generell rate ich Ihnen, zumindest in Restaurants der gehobenen Kategorie wenn immer möglich zu reservieren. Vor solchen Lokalen treffen Sie oft Heerscharen von Interessenten, die darauf vertröstet worden sind, dass in einer Zeitspanne von bis zu einer Stunde oder mehr ein Tisch für sie frei werden wird. Gelegentlich gibt der Wirt sogar elektronische Alarmmelder aus, die dem Gast melden, dass jetzt sein Tisch parat steht. Hintergrund dieses schier unglaublichen Andrangs von Gästen ist weniger, dass die Amerikaner so oft zum Essen ausgehen, als vielmehr die rigide Praxis der Restaurants, immer nur zusammen angemeldete oder erschienene Personen an einem Tisch zu platzieren, egal wieviel Platz noch zur Verfügung stehen würde (siehe unten Abschnitt 4.3 „Wait to be seated").

Eine besondere Kategorie von Lokal ist das Frühstückslokal. Lokale dieser Art sind sehr häufig, eher leicht zu finden, aber auch stark unterschiedlich in dem, was sie zu bieten haben. Die Palette reicht von Bäckereien mit Angebot zum Verzehr von Backwaren vor Ort über Sitz- oder Stehcafes, die auch bei uns in Europa bekannten Kaffeehausketten wie Starbucks und diverse Fastfoodketten bis hin zu veritablen Restaurants mit eigener Frühstückskarte. Reservieren ist hier nicht erforderlich.

4.2 Kleidung

Amerikaner geben sich gerne lässig und informell, vor allem, wenn Sie Urlaub machen. Dann können Sie auch einen Wirtschaftsboss in der Hotelhalle gekleidet in rosa Bermudas antreffen. In den Lokalen geht es in der Regel ebenfalls locker zu. Für Frühstückslokale gilt dies allemal, aber auch für andere Lokale, soweit sie als Kleidertipp – steht leider nicht an der Tür - „casual" ausgeben (nach meiner Erfahrung mindestens 80% der für Touristen in Betracht kommenden Restaurants). Hier genügen Hemd oder T-Shirt, Hose (in heißeren Gegenden ohne weiteres auch Shorts) und Schuhe (auch Sandalen). Selbst für Strandlokale gilt aber in der Regel der Grundsatz: No shirt, no shoes, no service! Ist „smart casual" angesagt, so ist ein sportlich-eleganter Look gefragt. Sakko, Schlips und lange Hose bzw. Bluse und Rock oder Kleid, eventuell auch Hosenanzug bei Damen werden erwartet, wenn die Empfehlung „semi-formal attire" lautet. Lokale mit noch formelleren Anforderungen werden Sie im Urlaub wahrscheinlich nicht aufsuchen; im Zweifel haben Sie die passende Garderobe auch gar nicht dabei. Sind Sie sich über die gebotene Kleidung im Unklaren, werfen Sie einen Blick in das Lokal. Sitzen dort schon andere Gäste in Shorts und Sandalen, wird man auch Sie im Zweifel nicht hinauskomplimentieren.

4.3 Wait to be seated

In fast allen US-Restaurants werden Sie gleich hinter dem Eingang von einer Tafel empfangen, auf der Sie lesen können: „Wait to be seated" – Sie sollen warten, bis Sie vom Personal an einen Tisch gebracht werden, der für Sie bestimmt ist. Sehen Sie dieses Schild, melden Sie sich beim Empfang als Interessent, bleiben Sie stehen und warten, bis Sie aufgefordert werden, einer bzw. einem Angestellten zu folgen. Auf Anfrage oder auch gleich unaufgefordert teilen Sie dem wartenden Empfangsmenschen zuvor mit, für wie viele Personen Sie einen Tisch benötigen (z.B. „party of four"). Es wird nicht akzeptiert, wenn Sie sich selbst einen Platz suchen, selbst wenn das Lokal völlig leer ist. Sie müssten damit rechnen, von der Bedienung ignoriert zu werden, bis Sie selbst auf die Idee kommen, dass Sie hier fehl am Platze sind. Wie zuvor schon erwähnt, ist es in den USA völlig undenkbar, nicht zusammen angemeldete oder erschienene Personen an einem und demselben Tisch zu platzieren, egal wieviel Platz noch zur Verfügung steht (Ausnahme: Lokale der Amish People in Pennsylvania Dutch County). Sie werden in aller Regel auch nicht an einen Tisch gesetzt, an dem Sie noch Hinterlassenschaften Ihrer Vorgänger antreffen. Der Tisch wird für Sie frisch hergerichtet und steht auch erst dann zur Verfügung.

4.4 Bestellung, Bedienung, Aufenthalt

In aller Regel wird Ihnen sofort am Tisch eine Speisekarte ausgehändigt. Sie wählen ein Getränk und ein Gericht nach Ihrem Geschmack. Bedenken Sie: Nicht in allen Lokalen werden alkoholische Getränke serviert. Keine alkoholischen Getränke erhalten Sie in sogenannten Family-Restaurants und in den meisten Fastfood-Restaurants. Bedenken Sie außerdem, dass in den USA die Speisen im Zweifel sehr üppig ausfallen. Wenn Sie eine Vorspeise bestellen, werden Sie das Hauptgericht normalerweise nicht bewältigen können. Hüten Sie sich auch vor Gerichten mit dem Zusatz „Big Daddy" o.ä. Das schaffen Sie nicht! Hauptgerichte finden Sie übrigens unter der Rubrik „Entree". Was dem Entree folgen soll, bleibt unklar.

In ländlichen Gegenden des Westens ist es auch heute immer noch üblich, den Gästen vorab eine Suppe zu servieren oder sie an eine Salatbar zu schicken (ist im Preis inbegriffen). Dazu gibt es dann meist noch eine „Dinner-Roll" (lockeres Brötchen). Üben Sie Zurückhaltung, speziell beim Zugriff auf Eiersalate oder Speckwürfel! Das Salatdressing können Sie sich normalerweise selbst aussuchen; das gilt auch für Beilagensalate oder Salate, die als Hauptgericht geordert werden. Mein Lieblingsdressing ist „Blue Cheese", serviert je nach Restaurantqualität gelegentlich als Milch-Mehl-Brei mit einem Anflug von Käsegeschmack, teilweise aber auch als Roquefort- oder Gorgonzoladressing vom Feinsten. Andere gebräuchliche Dressings sind Ranch (auf Buttermilch- oder Joghurtbasis), Thousand Island, Honey Mustard oder Italian (eine Art Vinaigrette).

Hauptgerichte der klassischen amerikanischen Küche sind natürlich Barbecue-Ribs, Steaks und vor allem das Prime Rib, eine Scheibe von der über dem Wasserbad im heißen Dampf gegarten Rinder-Hochrippe, für mich eine echte Delikatesse. Es gibt Hühnchen und üblicherweise auch im Binnenland Scampi und Fisch, und zwar Lachs, Thunfisch oder Schwertfisch. Am Mississippi müssen Sie Catfish, eine Welsart, probieren. Im Nordosten, vor allem in Maine, sind Scallops (Kammmuscheln) und Hummer gut und günstig. Zu Fleisch- oder Fischgerichten werden in der Regel wahlweise Reis, Pommes Frites („French Fries") oder eine Ofenkartoffel („Baked Potato") mit Butter oder saurer Sahne serviert. Überall im Vormarsch sind ferner Nudelgerichte. Von Nudeln „Alfredo" würde ich allerdings abraten; zu oft wurde meiner Frau da ein fettreicher, aber wenig gewürzter „Mehlpapp" als Soße serviert.

Ordern Sie Steak oder Prime Rib, werden Sie nach der gewünschten Zubereitung gefragt. Bei „well done" verzieht die Bedienung das Gesicht. Verlangen Sie „medium" oder „medium rare" – sie werden zufrieden sein.

Zum Thema Nachtisch gelten meine Bemerkungen zur Vorspeise entsprechend. Sie werden einen Nachtisch normalerweise nicht schaffen. Wenn doch: Es gibt in den USA eine Reihe von typischen Süßspeisen (z.B. Cheese Cake, Mississippi Mud Pie oder Key Lime Pie von den Florida Keys, aber auch die berühmten Bananas Foster), die man einmal probiert haben sollte.

Besonderheiten gelten naturgemäß in Frühstückslokalen. Sie bekommen dort eine eigene Frühstückskarte vorgelegt, aus der Sie ein Gericht Ihrer Wahl aussuchen können. Empfehlenswert sind Eiergerichte, French Toasts oder Waffeln mit frischen Früchten oder Pancakes mit Ahorn- bzw. Maissirup. Eier werden üblicherweise mit Schinken oder Speck, Bratkartoffeln (Hashbrowns) und Toast serviert. Seien Sie auf die Frage gefasst: „How do you want your eggs?" Hier unterscheidet sich der Neuling vom erfahrenen USA-Touristen, der genau weiß, dass es auf diese Frage nur drei mögliche Antworten gibt: „scrambled", also Rührei, „sunny side up", also Spiegelei oder „overeasy", ein von beiden Seiten gebratenes Spiegelei. Die Forderung nach „boiled eggs", also gekochten Eiern, würde mit Unverständnis quittiert, obwohl auf amerikanischen Buffets oder beim kostenlosen, weil im Preis schon inbegriffenen Hotelfrühstück (s.o.) gelegentlich auch hart gekochte Eier auftauchen. Ist die Frage nach den Eiern geklärt, entscheiden Sie sich für Schinken (Ham) oder Speck (Bacon), nur um sogleich mit der Frage konfrontiert zu werden, ob Sie Weizen-, Roggen- oder Vollkorntoast

(White, Rye oder Wheat) bevorzugen. In Kalifornien, gelegentlich auch außerhalb dieses Staates, wird alternativ ein dort gebräuchliches „sourdough"-Brot angeboten. Entscheiden Sie nach Ihrem persönlichen Geschmack; die Unterschiede sind häufig kaum feststellbar.

Schon mit Erhalt der Speisekarte werden Sie im Frühstückslokal nach dem Getränk Ihrer Wahl gefragt. Naheliegend ist die Antwort: Coffee, welcher auch sogleich serviert wird. Der Kaffee ist von unterschiedlicher Stärke, zumeist aber eher schwach, ein aus europäischer Sicht kaffeeähnliches Heißgetränk, das zumeist in Bechern serviert und eifrig bis zum Abwinken nachgefüllt wird – ohne gesonderte Berechnung! Kaffee europäisch anmutenden Zuschnitts bekommen Sie z.B. bei Starbucks.

Was auch immer Sie in welchem Restaurant auch immer bestellt haben – Sie werden in der Regel flott und kompetent bedient. In allen Lokalen erhalten Sie üblicherweise sofort nach Ihrer Bestellung eine Karaffe mit Eiswasser, um Ihren ersten Durst zu stillen. Diese Leistung ist für Sie gratis. „Vergisst" die Bedienung, Ihnen die Wasserkaraffe zu bringen, fragen Sie danach! Leider ist das Trinkwasser, das Sie erhalten, wie alles Trinkwasser in den USA und alle daraus hergestellten Produkte (z.B. Eiswürfel), mehr oder weniger stark gechlort, um bakteriellen Verunreinigungen zu begegnen. Stört Sie der Chlorgeschmack oder befürchten Sie, wenn Sie das Wasser trinken sollten, sogar Verdauungsprobleme heraufzubeschwören, dann müssen Sie das Wasser stehen lassen. Es gibt keine kostenfreie Alternative. Sie können aber natürlich bei der Bedienung gegen Bezahlung jederzeit Mineralwasser bestellen, das nicht gechlort ist. Wollen Sie Wasser mit „Blubb", ordern Sie „Club-Soda".

Sind alle Getränke und alle Gerichte herbeigebracht, fragt die Bedienung, ob alles recht ist und ob Sie noch Wünsche haben. Sie bejahen bzw. verneinen das natürlich und werden dann aufgefordert, Ihre Mahlzeit zu genießen. Das machen Sie! Speisen Sie, wie Sie das gewohnt sind. Wenn Sie Fleisch geordert haben, wird Ihnen das dazu vom Wirt gestellte (Steak)-Messer vielleicht etwas groß vorkommen. Das Messer wird in Amerika auch üblicherweise etwas anders eingesetzt als bei uns. Die Amerikaner pflegen zunächst einmal das vor ihnen liegende Fleischstück in mundgerechte Portionen aufzuschneiden. Dann legen sie das Messer weg, nehmen die Gabel in die rechte Hand und essen alles auf. Die linke Hand „baumelt" dabei gelegentlich unter dem Tisch; üblicherweise liegt sie auf dem Schoß. In europäischen Augen sieht das nicht sehr vornehm aus. Die Amerikaner ihrerseits empfinden es aber auch nicht als sehr „tischfein", wenn man mit dem großen Steakmesser ständig im Essen herumstochert. Egal – angesprochen werden Sie auf Ihre Art, Ihr Essen zu sich zu nehmen, ganz bestimmt nicht.

In manchen Restaurants kann es nun passieren, dass die freundliche Bedienung – ich karikiere das jetzt zugegebenermaßen ein wenig – kurz nachdem sie ihr Werk vollbracht hat, ungerufen erneut erscheint, um Ihnen wortlos die Rechnung auf den Tisch zu legen. Nehmen Sie das ungerührt zur Kenntnis. Die Aktion ist nicht in dem Sinne zu verstehen, dass Ihnen keine Zeit mehr bleibt, Ihr Essen aufzuessen. Gemeint ist aber durchaus: Schlagen Sie hier nicht Wurzeln, und wenn Sie fertig sind, dann zahlen und gehen Sie! Draußen wartet der Nächste! In der Tat ist es in den USA nicht üblich, nach dem Essen noch am Tisch zu verweilen, sich gar bei einem weiteren Glas Cola oder Eistee (es gibt fast überall free refills für Softdrinks!), Bier oder Wein noch zu unterhalten. Sie können natürlich noch ein Dessert ordern oder einen Kaffee. Aber wenn Sie fertig sind, dann zahlen Sie und brechen bitte auf. Unterhalten können Sie sich anderswo, an der Bar etwa.

4.5 Restrooms

Im Restaurant, aber auch an anderer Stelle in öffent-lich zugänglichen Gebäuden könnten Sie plötzlich ein menschliches Bedürfnis verspüren. Sie möchten den kleinsten Ort des Etablissements aufsuchen – aber wo ist der? Der Blick schweift umher, aber die vertrauten Buchstaben „WC" oder der Hinweis „Zu den Toiletten" sind nicht zu entdecken. Sie müssen also fragen – und dabei können Sie sich ziemlich blamieren. Fragen Sie in den USA niemals nach einer „toilet". Der Ausdruck wird dort als nahezu vulgärsprachlich empfunden und nicht benützt. Die einschlägige Lokalität wird als „restroom" bezeichnet. Die Frage nach den restrooms ist vollkom-men ok.

4.6 Bezahlung, Trinkgeld

Wenn Sie mit dem Essen fertig sind und gehen wollen, dann bezahlen Sie. Die Rechnung ordern Sie, wenn Sie Ihnen nicht schon unaufgefordert auf den Tisch geflattert ist (s.o.), mit den Worten „The check, please". Das englische Wort „bill" ist hier eher ungebräuchlich. Erscheint dann die Rechnung, erleben Sie einen Moment der Überraschung: Der Gesamtbetrag kann die Summe der in der Speisekarte ausgewiesenen Einzelbeträge durchaus um ein Beträchtliches übersteigen! Ursache dafür ist einmal die Tatsache, dass in den USA nahezu alle Produkte und Dienstleistungen netto ausgezeichnet werden. Dazu kommt dann immer noch die Umsatzsteuer, die von Bundesstaat zu Bundesstaat stark schwanken kann (dazu dann sogleich im Abschnitt 6.2). Sitzen Sie in einer größeren Gruppe zusammen (5 Personen oder mehr), wird der Rechnung – hierauf weist oft schon die Speisekarte im Kleingedruckten hin – zumeist ein üppiges „Zwangstrinkgeld" (ca. 18% des Rechnungsbetrages vor Steuern) zugeschlagen. Das müssen Sie jetzt akzeptieren. Zahlen Sie ohne Widerworte bar oder mit Karte entweder am Tisch oder, was in manchen Restaurants üblich ist, an einer Kasse, und wenn Sie einem „Zwangstrinkgeld" entronnen sind, müssen Sie nun Ihrerseits noch ein Trinkgeld hinterlassen. Das können Sie, ggf. nach Empfang des Wechselgeldes, bar auf dem Tisch liegen lassen oder aber, wie zunehmend auch schon in Europa üblich, als „Tip" der Kreditkartenabrechnung händisch zuschlagen. Weisen Sie in diesem

Falle zur Vermeidung von Missverständnissen auf dem Abrechnungsbeleg zugleich die Gesamtsumme aus. Vergessen Sie dabei nicht: Die Ziffer 1 wird in USA nur als „Strich" geschrieben, die Ziffer 7 hat, wie in der Maschinentastatur, keinen Querstrich.

Zur Höhe des Trinkgeldes sind schon viele Empfehlungen in die Welt gesetzt worden. Der Trend, befördert von den Begünstigten, geht zu immer höheren Trinkgeldern. Absolut unzureichend ist es, wie etwa in Deutschland noch weitgehend üblich, einen kleinen Aufschlag auf den Rechnungsbetrag vorzunehmen („stimmt schon"). Auch die lange Zeit gültige Empfehlung, der Bedienung 10% auf den Rechnungsbetrag vor Steuern zukommen zu lassen, gilt heute nicht mehr. 15% gilt jetzt als Minimum, um noch mit Anstand das Lokal verlassen zu können, höhere Beträge werden wohlwollend entgegengenommen. Warum ist das so? Nun, in den USA wird das Personal in der Gastronomie nicht einmal im Ansatz fair bezahlt. Es soll Fälle geben, in denen die Gelegenheit, Trinkgelder entgegenzunehmen, das einzige Entgelt ist, das der Wirt seinem Personal zukommen lässt. Unter solchen Bedingungen ist das Personal auf die Trinkgelder essentiell angewiesen, die Leute leben davon. Ob Sie selbst das gut oder schlecht finden – tragen Sie dem Rechnung! Sollten Sie das nicht tun, müssen Sie damit rechnen, dass das Personal der Forderung nach einem „Tip" lautstark Ausdruck verleiht.

Autor im Crescent City Brewhouse, New Orleans, LA

5. Kapitel: On the Road

5.1 Besondere Verkehrsregeln

Jeder der 50 US-Bundesstaaten hat im Grundsatz seine eigenen Verkehrsregeln und Vorschriften. Die wichtigsten Bestimmungen sind jedoch einheitlich. Prinzipiell gelten die gleichen oder jedenfalls sehr ähnliche Verkehrsregeln wie bei uns. Ein paar Besonderheiten gibt es jedoch, auf die ich Sie hinweisen möchte:

Sofort auffallen werden Ihnen die rechteckigen weißen Tafeln mit schwarzer Beschriftung „Speed Limit", die überall am Straßenrand stehen und die die jeweils zulässige Höchstgeschwindigkeit in mph (Miles per Hour) anzeigen. Es gibt inner- wie außerorts praktisch keine Straße im Land, für die die Höchstgeschwindigkeit nicht explizit festgelegt wäre. Halten Sie sich daran! Die Einhaltung der Höchstgeschwindigkeit wird streng überwacht, in abgelegenen Gegenden sogar per Flugzeug mit Radar. Verstöße werden unnachsichtig und streng geahndet.

Manche Geschwindigkeitsbegrenzungen gelten nicht immer, sondern nur unter bestimmten, auf der Tafel oder einem Zusatzschild näher definierten Umständen. Der „Klassiker" ist die herabgesetzte Höchstgeschwindigkeit an Fußgängerüberwegen oder Schulen. Die Beschilderung weist dann darauf hin, dass die Begrenzung nur gilt, wenn ein gelbes Licht blinkt („when flashing") oder wenn Personen bzw. Kinder anwesend sind.

Auch viele andere Verkehrsregelungen werden in den USA nicht wie in Europa durch ein Schild mit einem entsprechenden Symbol, sondern durch weiße Tafeln (Ge- und Verbote) oder gelbe Rautenschilder (Hinweise) mit schwarzer Beschriftung getroffen (z.B. Überholverbot: „Do not pass"). Gewisse Sprachkenntnisse sind also auch hier eindeutig von Vorteil.

Auf mehrspurigen Straßen darf inner- wie außerorts auf jeder Spur überholt werden (Ausnahmen: die US–Bundesstaaten Nebraska, North Dakota, Oklahoma und Tennessee). Es gibt Autobahnen, auf denen den Lastwagen die linke Spur zugewiesen ist! Generell gilt allerdings auch in den USA, sich möglichst rechts zu halten mit einer Maßgabe: Auf drei- oder mehrspurigen Schnellstraßen in Ballungsräumen wird die rechte Spur üblicherweise nur von sehr langsam fahrenden oder solchen Fahrzeugen benutzt, die abfahren wollen. Halten Sie sich als Teilnehmer am Durchgangsverkehr auf solchen Strecken eher in der Mitte.

In diesem Zusammenhang noch ein weiterer Hinweis: Bei Autobahneinfahrten werden die Einfahrtspur und die rechte Spur der Autobahn häufig einfach nur zusammengeführt, ohne dass dem Verkehr auf der Autobahn ausdrücklich die Vorfahrt zugewiesen wäre. Lassen Sie einfahrenden Verkehr in jedem Fall einfädeln!

Autobahnabfahrten gehen vor allem in Ballungsräumen gelegentlich auch links ab. Passen Sie auf!

Wiederum vor allem in Ballungsräumen des Ostens sind Fahrzeuge mit mehreren Insassen häufig berechtigt, besondere Fahrspuren zu benutzen (Carpool-Spuren). Mit welcher Besetzung ein Auto zum Carpool wird, zeigen Schilder an, die im Wechsel mit den Hinweisen auf die Sonderspur angeordnet sind (es können zwei, drei oder auch vier Personen sein).

Ampeln stehen bzw. hängen häufig hinter der Kreuzung, für die sie gelten. Sie bleiben bei Rot natürlich vor der Kreuzung stehen! Behalten Sie die Ampel im Blick. Sie wird von Rot unmittelbar auf Grün schalten. Eine „Vorwarnung" in Form von Rot-Gelb gibt es nicht.

Fast überall in den USA (nicht in South Dakota und Wyoming) gilt, dass man an einer roten Ampel auch ohne gesondertes Hinweisschild nach dem Stopp vorsichtig nach rechts in die bevorrechtigte Straße abbiegen darf (wie in Deutschland, wenn an der Ampel ein „grüner Pfeil" angebracht ist). Auf Ausnahmen wird durch entsprechende Beschilderung („No Turn on Red") ausdrücklich hingewiesen; Gleiches gilt natürlich, wenn es für den Abbiegeverkehr eine eigene Ampel gibt.

Eine amerikanische Besonderheit ist der 3-Way- bzw. 4–Way-Stopp an Straßeneinmündungen oder Straßenkreuzungen. Hier hat jeder Fahrer, egal woher er kommt, das auch hierzulande bekannte Stopp-Schild vor Augen, verbunden mit dem zuvor genannten Zusatz. Es gilt: Jeder hält. Als erster fährt, wer zuerst an die Einmündung bzw. Kreuzung gekommen ist. Es folgt der zweite Wagen, dann der dritte usw. in der Reihenfolge, in der man an der Haltelinie angekommen ist. Das kann z.B. dazu führen, dass der Vordermann Vorfahrt hat und fahren darf, man selbst aber einem von rechts oder links kommenden anderen Fahrzeug Vorfahrt gewähren muss, weil dieses vor dem eigenen Fahrzeug an der Haltelinie eingetroffen ist. Passen Sie auf!

Ein weiterer Hinweis gilt den Schulbussen, kenntlich vor allem an ihrer leuchtend gelben Farbe, eigentlich nicht zu übersehen. Lassen Sie höchste Vorsicht walten, wenn Sie sich einem solchen Fahrzeug im Einsatz nähern. Bleiben Sie stehen, wenn der Schulbus hält und/oder die Warnblinkanlage gesetzt hat, egal, ob Sie von vorne, von hinten oder von der Seite kommen. Ausnahme: Sie fahren auf einer Straße mit geteilter Fahrbahn und der Schulbus kommt Ihnen entgegen.

Die „Promillegrenze" liegt in den meisten Bundesstaaten bei 0,8. Es gibt allerdings auch mehrere Staaten mit einer 1,0-Promille-Grenze. Für bestimmte Situationen und für Fahrer unter 21 Jahren gelten Grenzen von 0,4 bis 0,1 Promille. Warnung: Trunkenheit am Steuer ist in den USA ein ernstes Delikt, das mit Freiheitsstrafe geahndet werden kann! Verzichten Sie im Zweifel auf jeglichen Alkoholgenuss, wenn Sie noch fahren wollen.

Haben Sie sich ein „Park-Knöllchen" eingefangen, sollten Sie dieses möglichst rasch selbst bezahlen. Ansonsten laufen Sie Gefahr, dass die Rechnung vom Autovermieter beglichen wird, der Ihnen das Bußgeld dann über die Kreditkarte zuzüglich einer nicht unerheblichen Bearbeitungsgebühr belastet (u.U. auch noch Monate später). Auf dem Park-Ticket finden Sie in der Regel eine Telefonauskunftsnummer. Rufen Sie an und fragen Sie, ob Sie das Ticket über Ihre Kreditkarte sofort begleichen können und was Sie dazu tun müssen. Wenn das nicht darstellbar sein sollte: Fragen Sie nach anderen Möglichkeiten, die für Sie gangbar sind.

Achtung: Wenn Sie die kanadische Grenze passiert haben, gelten die dortigen, von den US-amerikanischen z.T. abweichenden Verkehrsbestimmungen. Insbesondere beziehen sich die kanadischen Höchstgeschwindigkeitsregelungen auf Stundenkilometer (km/h), nicht mehr auf Meilen pro Stunde! Auf dem Tacho Ihres US–Mietfahrzeuges sehen Sie die km/h–Angaben mutmaßlich kleingedruckt zum Inneren der Scheibe hin orientiert.

5.2 Fahrverhalten

In den USA, vor allem in ländlichen Gegenden, wird defensiv, vorsichtig und rücksichtsvoll gefahren. Passen Sie sich diesem Fahrstil an! Je näher Sie an die Ballungsräume herankommen, vor allem aber im innerstädtischen Verkehr der Metropolen, relativiert sich meine Aussage, bleibt aber im Prinzip nach wie vor gültig. Bleiben Sie vorsichtig, räumen Sie Fußgängern, ob an einem ausgewiesenen Übergang oder anderswo, den Vorrang ein und achten Sie besonders darauf, Kinder nicht zu gefährden. Halten Sie sich strikt an die vorgeschriebene Geschwindigkeitsbegrenzung, die Sie auch beim Überholen anderer Fahrzeuge nicht überschreiten sollten. Wenn es – bei eher geringen Geschwindigkeitsunterschieden z.B. auf der Autobahn – dann auch einmal etwas länger dauert: Das macht nichts! In den USA ist so etwas nicht untypisch. Ärgern Sie sich auch nicht, wenn Sie auf der Autobahn von Lastzügen überholt werden! Auch das kommt hier immer wieder vor. Die Fahrer der LKW müssen es selbst verantworten, wenn Sie zur Wahrung der ihnen gesetzten Zeitlimits die vorgeschriebene Höchstgeschwindigkeit überschreiten.

5.3 Autobahnen

Die amerikanischen Autobahnen (Interstate Highways) sind die Lebensadern der USA. Als Tourist werden Sie diese Straßen vor allem dann benutzen, wenn Sie einmal wirklich vorankommen wollen. Kenntlich sind die Interstate Highways an einem wappenförmigen blauen Schild mit einer roten „Wappenkrone" und der Nummer des Highways in weißen Zahlen, meist noch verbunden mit dem Namen des Staates, den man gerade durchquert und ergänzt durch ein Hinweisschild auf die Himmelsrichtung, der der Highway im Großen und Ganzen folgt (North, South, East oder West). Die Nummerierung des Highways weist darauf hin, ob es sich um eine Nord-Süd-Verbindung (ungerade Nummer) oder eine Ost-West–Verbindung (gerade Nummer) handelt. Die Auffahrten sind sehr häufig nur nach der Himmelsrichtung gekennzeichnet (z.B.: I-95 South) und nicht nach Städten, die auf dem Highway erreicht werden können. Gewöhnt man sich einmal daran, ist das ein sehr übersichtliches und für den Touristen hilfreiches System. Man muss nur wissen, in welche Richtung man sich bewegen möchte. Vorsicht: Die Highways sind nach ihrer Himmelsrichtung auch dann benannt, wenn sie lokal einmal tatsächlich anders verlaufen, sei es aus geographischen Gründen oder um eine bestimmte Stadt an das Verkehrsnetz anzuschließen. So verlaufen die nördlichen großen Querautobahnen der USA, die I-94 und die I-90, im Gebiet des Lake Michigan nördlich von Chicago rein tatsächlich eine Zeit lang in Nord-Süd-Richtung. Dennoch lautet die Richtungsangabe auf den Hinweisschildern, wenn Sie in Richtung Chicago unterwegs sind, weiterhin I-94 East bzw. I-90 East. Sie sollten deshalb eine Vorstellung vom weiteren Verlauf einer Autobahn haben, die Sie befahren wollen.

Die Auffahrten auf die Interstate Highways, vor allem in den Städten, sind für Europäer manchmal gewöhnungsbedürftig. Nicht immer sind sie klar und eindeutig als solche zu erkennen; gelegentlich wähnt man sich eher auf einer Nebenstraße, bis diese plötzlich in die Autobahn einmündet. Autobahnkreuze sind regelmäßig nicht nach dem hierzulande bewährten „Kleeblattprinzip" gebaut, sondern – jedenfalls in den Augen eines Europäers - eher ein „Gewurstel" aus Zu- und Abfahrten, die unter- und übereinander hinwegführen. Wohl dem, der ein Navi hat!

Ungewöhnlich ist auch für den Europäer, dass man Tankstellen oder Rasthäuser an der Autobahn vergeblich sucht. Wer tanken, einkehren oder sich auch nur erleichtern möchte, muss zumeist abfahren. Hinweisschilder auf Tankstellen, Übernachtungsmöglichkeiten oder Restaurants finden Sie rechtzeitig vor den entsprechenden Ausfahrten. Gelegentlich gibt es an der Autobahn allerdings auch Parkplätze mit Toiletten, die in der Regel sauber und gut organisiert sind. Sie sind aber bei weitem nicht so häufig wie in Europa; die Abstände sind oft groß.

Wenn Sie auf dem Interstate-Highway eine Staatsgrenze passiert haben, stoßen Sie ziemlich sicher auf zwei sehr spezifische Einrichtungen: die „Weigh-Station", also eine Wiegestation für LKW, die Sie als Tourist nicht betrifft, und das „Welcome Center" des neuen Bundesstaates, mit und in dem Sie als Besucher willkommen geheißen und über die touristischen Möglichkeiten informiert werden, die der Staat bietet. Sie bekommen dort gratis Informationsmaterial jeglicher Art, insbesondere auch Straßenkarten und manchmal Ortspläne sowie gelegentlich auch Info-Faltblätter über Angebote verschiedenster Art mit Rabattgutscheinen (siehe Abschnitt 6.2). Es gibt dort außerdem Toiletten. Speisen und Getränke werden üblicherweise nicht verkauft; die einzige Ausnahme, die ich kenne, ist das Delaware Welcome Center am Highway I-95.

Ein letztes Wort noch zum Navi: Das Gerät funktioniert in den USA auch in abgelegeneren Gegenden normalerweise ganz gut. Auffallend schlecht funktioniert es im Umkreis von Washington DC. Die Weisungen sind plötzlich nicht mehr so präzise wie sonst; man weiß nicht so recht, welche Straße gemeint ist, in die man einbiegen sollte. Manche Ziele existieren scheinbar gar nicht. Wenn es nicht an meinem Gerät gelegen haben sollte, das im Übrigen wieder tadellos funktioniert hat, als ich den Großraum Washington verlassen habe, könnte man fast annehmen, dass das Navi bzw. das GPS-System, auf dem es basiert, im Raum Washington zumindest gelegentlich aus welchen Gründen auch immer gestört wird.

5.4 Mautstraßen

In den USA sind die Straßen, auch die Interstate-Highways, in aller Regel nicht mautpflichtig. Es gibt aber, vor allem im Osten, einige spezielle Autobahnen, die nur gegen Maut befahren werden dürfen (im Rand McNally grün gekennzeichnet). Daneben gibt es (wiederum vor allem im Osten) mehrspurige, nicht mautpflichtige Autobahnen, deren linke Spuren als Schnellspuren (man kann sie z.B. nicht bei jeder Ausfahrt verlassen) ausgewiesen sind und nur gegen Maut benutzt werden dürfen. Außerdem sind überall im Land bestimmte Straßenabschnitte, insbesondere große Brücken und Tunnel (z. B. in New York unter dem Hudson und East River), mautpflichtig mit der Besonderheit, dass für diese Abschnitte teilweise gar keine Mautstationen mehr existieren. Man kann hier die Maut nur elektronisch entrichten. Gleiches gilt für manche kleineren Ausfahrten der mautpflichtigen Autobahnen. Viele Touristen sind hier schon in die „Falle" getappt und haben sich der Verfolgung wegen eines Mautvergehens ausgesetzt gesehen. Wenn Sie also in Gegenden unterwegs sind, in denen Maut anfallen kann, dann wäre es nicht schlecht, wenn Sie im Bedarfsfall schnell einmal die kleine Schublade des „grauen Kästchens" Ihres Mietwagens (s.o.) aufziehen und so legal die Mautstelle passieren können. Wenn Sie bar zahlen wollen und können: Halten Sie passendes Kleingeld bereit!

5.5 An der Tankstelle

Wenn Sie mit Ihrem Fahrzeug unterwegs sind, werden Sie nicht umhin kommen zu tanken. SB-Tankstellen sind in den USA landesweit zahlreich vorhanden. Sie weisen die geforderten Preise pro Gallone (3,785 Liter) wie bei uns üblicherweise auf großen Tafeln aus, häufig allerdings nur für die Sorte „Regular" (dazu sogleich). Beachten Sie, dass es sich dabei – im Gegensatz zu sonstigen ausgewiesenen Preisen für Waren und Dienstleistungen – um Bruttopreise handelt; alle Steuern sind also bereits inbegriffen. Ihr Mietwagen benötigt Benzin (im amerikanischen Sprachraum: Gas, nicht Petrol); ein Mietwagen mit Dieselmotor wäre sehr ungewöhnlich. Zu den Benzinsorten: Es gibt „Gas" in den USA üblicherweise in drei Varianten: Regular (87 – 91 Oktan), Midgrade bzw. Plus oder Silver (unser Super) und Premium/Supreme/Gold. Alle Sorten sind „unleaded", also bleifrei; hier können Sie keinen Fehler machen. Ihr Fahrzeug begnügt sich wahrscheinlich mit „Regular". Überzeugen Sie sich vorsichtshalber durch einen Blick in die Betriebsanleitung im Handschuhfach.

Der Tankvorgang selbst läuft etwas anders ab als bei uns. Obwohl „Gas" für deutsche Verhältnisse spottbillig ist (die Gallone kostet an Selbstbedienungstankstellen heute zwischen ca. 2,40 und 3,30 US – Dollar; Sie zahlen pro Liter also deutlich unter 1 Euro), sieht das Tankstellenpersonal in jedem Kunden einen potentiellen

Gauner, der es nur darauf abgesehen hat, nach dem Tankvorgang ohne Bezahlung das Weite zu suchen. Tanken ist deshalb regelmäßig nur gegen Vorkasse möglich. Realisiert werden kann das prinzipiell entweder durch Einführen der Kreditkarte in den dafür vorgesehenen Schlitz des Tankautomaten oder durch Vorauszahlung an der Kasse. Alternative 1 ist nun dem europäischen Touristen weitgehend dadurch versperrt, dass der Tankautomat zur Autorisierung der Kreditkarte nicht etwa die PIN, sondern üblicherweise die heimatliche Postleitzahl (Zip-Code) fordert. Auf die Eingabe einer europäischen Postleitzahl reagiert der Automat aber mit schnöder Zurückweisung. So geht es also nicht. Freunde haben mir allerdings berichtet, dass Sie in höchster Not – die Kasse der Tankstelle war unbesetzt – einmal die Postleitzahl ihrer letzten Unterkunft eingegeben haben. Zu ihrem Erstaunen habe der Tankautomat diese Eingabe akzeptiert. Ich gebe das ohne Gewähr weiter.

Gehen Sie also, wenn das möglich ist, zur Kasse und bekunden Sie Ihre Absicht, tanken zu wollen (es reicht, wenn Sie der/dem Angestellten die Nummer der fraglichen Tanksäule nennen). Die Dame oder der Herr an der Kasse werden nun fragen, für wieviel Geld Sie tanken wollen. Das kann ein gewisses Problem darstellen, weil Sie nicht genau wissen, wieviel Sprit in den Tank Ihres Mietwagens hineinpasst. Nennen Sie jetzt einen zu geringen Betrag, wird der Tankautomat bei Erreichen des Limits seinen Befüllvorgang automatisch beenden – und Sie haben alsbald wieder das Vergnügen, eine Tankstelle aufsuchen zu können. Wenn Sie voll tanken wollen, geben Sie das an der Kasse kund („I'd like to fill it up") und hinterlassen einen Bargeldbetrag, der das mutmaßlich geschuldete Entgelt deutlich übersteigt (Ihr Ansehen steigt sofort um mehrere Grade). Dann gehen Sie zur Tanksäule, wählen per Knopfdruck die gewünschte Benzinsorte (Regular) und beginnen mit dem Tankvorgang. Nach Beenden dieses Vorganges gehen Sie wieder zur Kasse, nennen nochmals die Nummer der Tanksäule und nehmen Ihr Wechselgeld in Empfang. Das Abenteuer ist beendet.

Ehefrau des Autors mit Mietwagen,

Hawaii Volcanoes Nationalpark, HI

6. Kapitel: Ich kaufe ein

6.1 Das Preisniveau in den USA – Teures und Günstiges

Die Preise für Konsumartikel in den USA bewegen sich insgesamt gesehen auf akzeptablem Niveau. Ob die USA als Reiseland eher „teuer" oder „günstig" sind, hängt hauptsächlich vom Dollarkurs im Verhältnis zum Euro ab, der sehr stark schwankt. Nach meinem Gefühl – ich bin kein Volkswirt – befinden wir uns bei einem Umrechnungskurs von etwas unter 1,20 Dollar pro Euro in einer „neutralen" Zone.

Im Einzelnen sind die Preisverhältnisse für die verschiedenen Warengruppen allerdings stark unterschiedlich. Lebensmittel beispielsweise sind in den USA, verglichen mit Deutschland, eher teuer, selbst wenn man im Supermarkt einkauft. Besonders teuer wird es, wenn man in den USA leben möchte „wie daheim" und deshalb zum Frühstück Brötchen mit Wurst und Käse bevorzugt. Qualitätsprodukte haben hier ihren Preis! Passen Sie bei Käse außerdem auf: Unter der Bezeichnung „Käse" sind in den USA auch milchfreie Kunstprodukte im Handel. Günstig ist dagegen Benzin (s.o.) und günstig sind auch Arzneimittel und Kleidung, insbesondere Jeans, Sportkleidung und Sportschuhe (siehe dazu auch Abschnitt 6.5 – Outlet Center). Günstig sind ferner

Elektrogeräte, Handys und Computer aller Art mit der Maßgabe, dass Sie aufpassen müssen, ob Sie mit Ihrem Einkauf zuhause überhaupt etwas anfangen können (Problem: vor allem der Stecker und die Stromspannung, mit der das Gerät arbeitet; s.o.). Sehr günstig sind auch Autos. Aber davon werden Sie kaum profitieren können.

Rechnungen für Produkte, die Sie mit nach Hause nehmen wollen, bewahren Sie bitte vorsorglich für die Zollkontrolle bei der Wiedereinreise in die EU auf.

6.2 Die Preisauszeichnung

Ich habe schon darauf hingewiesen, dass die Preise in den USA nahezu überall netto ausgewiesen sind, also ohne die von Staat zu Staat obendrein unterschiedlich hohe Umsatzsteuer. Sie zahlen deshalb, soweit Umsatzsteuer anfällt, im Ergebnis fast immer mehr als zunächst behauptet, ganz egal, wo Sie einkaufen oder ob Sie sich beispielsweise in einer Eisdiele ein Eis leisten. Der exakte Betrag, den ein Produkt kostet, ist kaum vorhersehbar. Im Regelfall wird Sie das nicht groß stören, aber Sie können Ihrem Kind eben auch nicht einen Dollar in die Hand drücken und ihm sagen, es solle sich eine entsprechend ausgezeichnete Süßigkeit kaufen.

Auch in den USA gibt es Rabattaktionen, oft gekennzeichnet durch Schilder mit der Aufschrift „Sale". Sie zahlen dann, so wird behauptet, weniger als den üblichen Preis, manchmal auch weniger als ausgewiesen. In gesonderten Faltblättern, die in den Hotels, aber auch in den „Welcome – Centern" einzelner Bundesstaaten ausliegen, wie auch in diversen Presseerzeugnissen finden Sie außerdem immer wieder Coupons, mit denen Sie dies oder das günstiger bekommen, häufig auch Eintritte zu Sehenswürdigkeiten oder Darbietungen aller Art („5 Dollars Off"). Diese Coupons sind ernst gemeint und auch für Touristen nutzbar.

Für Touristen interessant ist außerdem der AAA–Rabatt. Berechtigt sind nicht nur die Mitglieder des amerikanischen Automobilclubs AAA, sondern auch die Mitglieder von Partnerclubs wie dem ADAC. Zeigen Sie Ihre Mitgliedskarte vor oder die spezielle Discount Card des AAA (Show Your Card & Save). Vergünstigungen bekommen Sie auf alle Angebote, bei denen mit dem AAA–Symbol auf einen möglichen Rabatt hingewiesen wird. In der Regel sind das Eintrittsgelder, Fahrtickets, aber auch Preise für die Übernachtung in Hotels verschiedener Ketten. Fragen Sie im Zweifel nach Special Rates for AAA (Triple-A) Members.

Generell ist allerdings zu sagen, dass die Durchschnittsamerikaner nicht die „Schnäppchenjäger" sind, als die wir Deutsche beispielsweise gelten. Es würde kaum einem Amerikaner einfallen, zum Tanken vier Blocks weiter zu fahren, nur weil die Gallone Benzin dort für ein paar Cent weniger zu haben ist.

6.3 Erster Bedarf

Vernünftigerweise suchen Sie bald nach Übernahme Ihres Mietwagens oder Wohnmobils einen Supermarkt auf, um Ihren ersten Bedarf zu befriedigen. Haben Sie ein Navi, können sie nach einem Supermarkt in Ihrer Nähe suchen; haben Sie keines, müssen Sie sich umsehen oder fragen. Große Supermärkte, die auch Lebensmittel verkaufen (z.B. Walmart Supercenter), finden Sie häufig in der Nähe von Ausfallstraßen größerer Orte. Die Märkte sind meist weithin sichtbar kenntlich, haben große Parkplätze und sind üppig sortiert. Sie werden dort alles finden, was Sie brauchen. Geregelte Ladenöffnungszeiten gibt es übrigens nicht. Sie finden vielfach auch an Sonn- und Feiertagen und bis in die Nacht hinein jedenfalls in den großen Einkaufcentern offene Türen vor.

Auf ein Produkt möchte ich Sie besonders hinweisen. Wenn Sie nicht ein Wohnmobil mit eigenem Kühlschrank gemietet haben, dann kaufen Sie sich für eine Hand voll Dollar im ersten Supermarkt eine Eiskiste aus Styropor. Eis zum Befüllen von Kühlbeuteln bekommen Sie an der Eismaschine Ihres nächsten Hotels (s.o.). Außerdem funktioniert die Kiste auch ohne Eis, wenn Sie sie nur mit einer ausreichenden Zahl von Flaschen mit gekühlten Getränken befüllen, die Sie ebenfalls im Supermarkt erwerben können. Auch Wurst, Käse und Obst können Sie in Ihrer Eiskiste problemfrei über einige Tage hinweg aufbewahren. Denken Sie daran, dass Sie außerhalb bewohnter Gegenden, etwa in den National-parks, vielleicht einmal Picknick machen wollen (es gibt dort viele schöne Picknickplätze) und dann das Nötig-ste dazu an Bord haben sollten, auch wenn Sie mit einem PKW reisen. Außerdem wollen Sie sich vielleicht am Abend nach Ankunft in Ihrem Hotel gleich einmal einen kühlen Drink, ein kleines Bier vielleicht, gönnen? In jedem Falle brauchen Sie genügend Getränke an Bord, wenn Sie durch wüste Gegenden steuern. In das Death Valley etwa einzufahren ohne Getränke an Bord kann lebensgefährlich werden! Packen Sie Ihre Getränkekiste aber, jedenfalls wenn Sie alkoholhaltige Getränke darin befördern, in den Kofferraum. Angebrochene Flaschen alkoholhaltiger Getränke im Innenraum des Fahrzeugs würden im Falle einer Polizeikontrolle übel vermerkt. Passen Sie dabei auf die scharfen Bügel Ihres Koffer-raumdeckels (s.o.) auf, sonst ist Ihre Kiste kaputt, bevor Sie sie überhaupt nutzen konnten. Am Ende der Reise, vor Rückgabe des Mietwagens, hat Ihre Eiskiste ihre Pflicht und Schuldigkeit getan. Sie können sie wieder entsorgen.

6.4 Alkoholische Getränke

Einige ergänzende Hinweise noch zum Kauf alkoholischer Getränke: Die Amerikaner haben – so sehe ich das – ein gestörtes Verhältnis zum Alkohol. Auf der einen Seite wird dem Alkohol dort in ungewöhnlichem Maße zugesprochen. Für viele Amerikaner beginnt das Abendessen erst einmal mit einem großen Whisky oder anderen harten Drinks an der Bar. Auf der anderen Seite wird jede Form von Alkohol in manchen Gegenden geradezu verteufelt. So haben sich manche Counties (vergleichbar unseren Landkreisen) aus eigenem Antrieb als „dry" erklärt, witzigerweise auch der Landkreis, in dem Jack Daniels, eine international renommierte Whisky-Brennerei, ihren Sitz hat. Der Verkauf, Ausschank oder Transport von Alkohol ist in den dry counties stark eingeschränkt oder verboten. Ganz allgemein ist der Kauf und Genuss alkoholischer Getränke (auch in Restaurants) allen Personen unter 21 Jahren (!) verboten. Alkohol darf auch nicht auf der Straße oder im Park getrunken werden. Kaufen können Sie alkoholische Getränke in manchen Bundesstaaten nur in eigenen Liquor-Stores, die schon vom äußeren Erscheinungsbild her eher an das Rotlicht-Milieu als an ein Verkaufsgeschäft denken lassen. Zur Dämmerungsstunde sind diese Stores oft umlagert von Jugendlichen, die jeden potentiellen Einkäufer ansprechen, ob er eine Kleinigkeit für sie mitbesorgen könnte. Sie, lieber Leser, lassen sich natürlich nicht erweichen! In anderen Bundesstaaten bekommen Sie zumindest Bier und Wein auch im Supermarkt, sollten aber auch dort mit der Möglichkeit rechnen, sich an der Kasse ausweisen zu müssen. Der Hinweis, dass man doch schon nach dem optischen Gesamteindruck das 21. Lebensjahr deutlich hinter sich gelassen habe, verfängt nicht. Auch mit zeitlichen Einschränkungen sollten Sie rechnen: In Georgia beispielsweise können Sie zumindest am Sonntag Bier oder Wein erst ab Mittag kaufen.

Wichtig: In vielen Indianerreservaten herrscht strenges Alkoholverbot! Sie sollten dort auch keine eigenen alkoholischen Getränke mit sich führen.

6.5 Outlet Center

Wer während seiner USA-Reise Kleidung, insbesondere Markenjeans, oder Sportschuhe preisgünstig einkaufen möchte, der sollte eines der zahlreichen Outlet Center ansteuern. Für diese Center wird im Internet und mit Faltblättern, die in den Welcome-Centern (s.o.) und Hotels ausliegen, viel Reklame gemacht; vielleicht haben Sie einen entsprechenden Hinweis auch schon zusammen mit Ihren Reiseunterlagen erhalten. Suchen Sie sich ein Center aus, das günstig in Ihre Reiseroute hineinpasst und planen Sie mindestens einen halben Tag für Ihren Besuch dort ein. Organisiert sind die Center manchmal wie bei uns in der Art eines kleinen Dorfes, in dessen Häuschen jeweils eine Fachfirma Ihre Produkte feilbietet. Andere Outlet Center bestehen aus einem großen Gebäudekomplex, in dem die einzelnen Firmen ihre Shops betreiben. Sie treffen in den Centern nahezu alle Labels, die auf dem amerikanischen Markt Rang und Namen haben, und sehen Angebote, die oft weit unter den üblichen Marktpreisen liegen. Wenn Sie auf ein ganz spezielles Label Wert legen: Vergewissern Sie sich, dass nicht gerade dieses Label im Angebot des von Ihnen angesteuerten Outlet Centers fehlt. In aller Regel aber werden Sie finden, was Sie suchen.

Dole Plantation Shop, HI (Es gibt Bier auf Hawaii!)

7. Kapitel: Sehenswürdigkeiten und Sport

7.1 Suche und Auswahl

Schon bei der Planung Ihrer Reise haben Sie sich sinnvollerweise Gedanken gemacht, was Sie in den USA alles anschauen wollen. Sie haben sich mit einschlägiger Literatur eingedeckt und eine Vorauswahl getroffen. Das alles gilt es jetzt umzusetzen, ergänzt durch „Projekte", auf die Sie vor Ort stoßen: ein Theaterstück etwa, dessen Besuch Sie reizt, eine Sportveranstaltung, die Sie besuchen wollen. In den Nationalparks sollte ihre erste Anlaufstelle eines der Visitor Center sein. Bereits beim Passieren des Eingangstores haben Sie vom wachhabenden Ranger einen Plan des Parks erhalten, in dem das Visitor Center ausgewiesen ist (u.U. gibt es sogar mehrere!). Fahren Sie hin und erkundigen Sie sich nach Vorschlägen, wie Sie den Tag im Park sinnvoll gestalten können. Man ist Ihnen gerne behilflich. Vielleicht findet eine von einem Ranger geführte Wanderung o.ä. statt? Nehmen Sie in jedem Fall teil; so etwas gehört zu den Highlights eines Besuchs im Park. Prüfen Sie außerdem vorab, ob Sie bei dem Zuschnitt Ihrer Reise nicht finanziell besser wegkommen, wenn Sie sich, statt die Eintrittgelder für die von Ihnen ausgewählten Nationalparks einzeln zu bezahlen, gleich eine Jahreskarte für alle

Parks zulegen. Die Jahreskarte, den Agency Annual (America the Beautiful) Pass (er wechselt von Zeit zu Zeit den Namen), können Sie zum Preis von derzeit 80 Dollar vom wachhabenden Ranger unmittelbar beim Eintritt in jeden Park anstelle der normalen Eintrittskarte erwerben. Halten Sie dazu Ihre ID und das nötige Kleingeld bereit. Die Jahreskarte berechtigt bis zu vier Erwachsene, die gemeinsam in einem Auto reisen, ein Jahr lang zum Eintritt in alle US-Nationalparks. Sie rechnet sich aller Voraussicht nach, wenn Sie auf Ihrer Reise mehr als drei der größeren Parks aufsuchen wollen.

Sehr schnell werden Sie außerdem entdecken, dass der Besuch von Vergnügungsparks, Museen, Plantagen oder historischen Gebäuden (das Attribut „historisch" wird für alles verwendet, was vor dem 2. Weltkrieg entstanden ist) mit mehr oder weniger authentischer Ausstattung ein teures Vergnügen ist. Die Eintrittspreise liegen deutlich oberhalb des Niveaus, das wir aus Europa kennen. Das liegt nicht zuletzt daran, dass die Einrichtungen staatliche Subventionen in der Regel nicht zu erwarten haben. Sie müssen sich selbst tragen und aus Eintrittsgeldern finanzieren, soweit nicht ein Förderverein oder privater Geldgeber im Hintergrund steht. Sinnvoll ist es deshalb, das Angebot genau zu studieren und sich im Zweifel auf die Einrichtungen zu konzentrieren, die aus eigener Sicht besonders wichtig erscheinen.

Noch ein Hinweis: Viele Firmen in den USA bieten Interessenten, auch Touristen, organisierte Werksführungen oder andere Touren an, bei denen man sich Einblick in die Tätigkeit des Unternehmens und/oder seine Firmenphilosophie verschaffen kann. Eine Voranmeldung ist zumeist nicht erforderlich; gelegentlich muss man auf die nächste Tour etwas warten. Das Spektrum der Anbieter reicht von der örtlichen Brauerei bis zur nationalen Flugzeug- und Raumfahrtindustrie; Sie können sich über die Produktion einer bekannten Pfeffersoße ebenso vor Ort informieren wie über die Produktion von Nachrichtensendungen im Fernsehen oder über die letzten Großprojekte der Filmindustrie in Hollywood. Auf Public Relations wird in den USA sehr viel Wert gelegt! Die Art der Präsentation ist allerdings so unterschiedlich wie es die Anbieter sind: Die meisten Führungen beginnen mit einem einführenden Vortrag oder einem Video zur Firmengeschichte. Manchmal werden dann Werkshallen mit Produktionslinien vorgestellt, manchmal hat die ganze Veranstaltung aber auch eher den Charakter eines Besuchs in einem Vergnügungspark, gewürzt mit gelegentlichen „Produktinformationen". Reine Werksführungen sind zumeist kostenlos; für einen Besuch in einem parkähnlichen Gelände oder einem Filmstudio müssen Sie oft tiefer in die Tasche greifen. Informieren Sie sich bei Interesse vorab im Internet und wenden Sie sich vor Ort an das Visitor Center, das gewöhnlich gut ausgeschildert ist.

7.2 Verhaltensmaßregeln

Selbstverständlich verhalten Sie sich in den von Ihnen besuchten Veranstaltungen oder Einrichtungen etc. so, wie Sie das immer tun: eben den Umständen entsprechend! Entsorgen Sie in einem Nationalpark Abfälle nur über die dafür vorgesehenen, im Bedarfsfall „bärensicher" konstruierten Einrichtungen. In Museen können Sie in der Regel filmen oder fotografieren (beachten Sie die Hinweisschilder!), in Theateraufführungen, aber auch bei der Besichtigung von Theater- oder Filmkulissen eher nicht (Urheberrechte!). Nehmen Sie an einer Führung teil, können Sie gerne Fragen stellen. Die Führer sind oft Studenten oder Mitglieder von Fördervereinen, die das besichtigte Objekt ehrenamtlich betreuen und sich über Ihr Interesse freuen. Trinkgelder werden in Museen o.ä. in aller Regel nicht erwartet.

Besuchen Sie Einrichtungen der indigenen Bevölkerung, verhalten Sie sich bitte respektvoll, auch wenn Sie religiös bedingte Vorgaben und Einschränkungen nicht nachvollziehen können. Zu Film- und Fotoaufnahmen verweise ich auf den nachfolgenden Abschnitt.

Ein Wort noch zum Verhalten am Badestrand: Die Amerikaner geben sich in ihrer Mehrzahl eher prüde. Selbst kleine Kinder laufen am Badestrand nur in Badekleidung herum. Umziehen am Strand ist verpönt. Geben Sie hier keinen Anlass zur Kritik und beachten Sie die Anweisungen etwa anwesender Lifeguards zum

Schwimmen im Meer. Es muss nicht gleich der Weiße Hai sein, der im Wasser lauert. Die Lifeguards kennen einfach die Tücken der Verhältnisse vor Ort – und Atlantik wie Pazifik sind nicht die Adria!

Cliff Palace, Mesa Verde Nationalpark, CO

8. Kapitel: Kontakte mit der Bevölkerung

8.1 Film- und Fotoaufnahmen

Filmen und Fotografieren ist in den USA meist erlaubt. Ausnahmen gelten für Militär- und Kernkraftanlagen. Als Militäranlagen gelten übrigens auch viele Flughäfen sowie das Pentagon (US– Verteidigungsministerium) in Arlington, VA. Weitere Ausnahmen können sich aus dem Schutz des Urheberrechts ergeben (s.o.). Außerdem sind die Persönlichkeitsrechte Betroffener zu achten. Das bedeutet: Wenn Sie ein Foto eines öffentlichen Platzes machen, auf dem sich Menschen bewegen, dann ist das in der Regel in Ordnung. Wenn Sie eine bestimmte Person, die Sie nicht kennen, in Großaufnahme festhalten wollen, sollten Sie, wenn nicht die Umstände etwas anderes nahe legen, deren Einverständnis einholen. Gleiches gilt in verstärktem Maße, wenn Sie Angehörige von Minderheiten, insbesondere der indigenen Bevölkerung, filmen oder fotografieren wollen. Hier spielen oft auch religiöse Vorbehalte eine Rolle. Fragen Sie; vielleicht kann auch ein kleines Geschenk bestehende Vorbehalte ausräumen. Sicherheitskontrolleure an Flughäfen, Polizisten und Secret Service-Beamte lassen sich ebenfalls nicht gern fotografieren. Hier werden Sie auch mit Geschenken nichts ausrichten. Beachten Sie im

Übrigen ausdrücklich ausgewiesene Verbote, um sich Ärger zu ersparen.

8.2 No-Go-Areas

Mit manchen Teilen der Bevölkerung werden Sie den Kontakt eher meiden wollen. Ich spreche von Kriminellen, die sich ein Zubrot dadurch verdienen, dass sie harmlose Touristen ausrauben. Sie werden auch nicht das Bedürfnis verspüren, als unschuldiges Opfer einer Schießerei oder eines Bandenkrieges zwischen die Fronten zu geraten. Das ist verständlich. Generell ist dazu allerdings zu sagen, dass Berichte über das erschreckende Ausmaß der Kriminalität in den USA meiner Erfahrung nach übertrieben sind. Ich bin in all den Jahren, in denen ich bisher die USA besucht habe, noch nie auch nur Zeuge einer Gewalttat geworden, und das, obwohl ich viele als problematisch geltende Städte der USA, oft in Begleitung meiner Frau und meiner Kinder, zu Fuß durchquert und besichtigt habe, manchmal sogar zur Nachtzeit. Natürlich darf man sich nicht daran stören, auch einmal von Obdachlosen „angequatscht" und um „Change", also Münzen, die man als Wechselgeld erhalten hat, angebettelt zu werden. So etwas kann einem aber auch am hell lichten Tag in München oder Berlin passieren. Das muss man aushalten!

Ein bisschen Vorsicht kann dennoch nicht schaden. Sie brauchen ja nicht gerade in einem Problemviertel auf offener Straße Ihr Geld zählen oder Ihre Rolex blitzen lassen. Vielleicht lassen Sie auch von vorneherein größere Bargeldreserven im Tresor Ihres Hotelzimmers zurück oder führen das Bargeld zumindest in einem Brustbeutel unter der Kleidung mit sich. Als ausgesprochen gefährlich bekannte Stadtteile (sog. No-Go-Areas) müssen Sie ja nicht aufsuchen. Beachten Sie dazu etwaige Hinweise, die Sie an der Rezeption Ihres Hotels erhalten, wenn Sie z.B. um einen Stadtplan bitten. Im Übrigen gilt: Selbst wenn Sie sich doch einmal in ein einschlägiges Viertel verirrt oder die falsche Abfahrt von der Stadtautobahn gewählt haben sollten, bleiben Sie entspannt! In der Regel haben die Leute dort anderes zu tun als sich um Sie zu kümmern.

8.3 Bekanntschaften

Sie werden auf ihrer Reise oft Kontakte mit der Bevölkerung haben, und das nicht nur mit Tankstellenpächtern, Hotelangestellten oder Kellnern. Die Amerikaner sind in ihrer Mehrzahl – gerade im Vergleich mit uns Deutschen - sehr zugewandt und interessiert an Gesprächen mit dem Gast aus fernen Landen. „Where are you from?" („Woher kommen Sie?") lautet oft die Frage, mit der das Gespräch eingeleitet wird. Offenbart man sich als Deutscher, ist die Reaktion fast immer positiv. Die Amerikaner bewundern Deutschland wegen seiner wirtschaftlichen Leistungsfähigkeit, die als Ergebnis vor allem eines Willens zur Leistung gesehen wird – eine Haltung, die dem Durchschnittsamerikaner Respekt abnötigt. Außerdem kennt nahezu jeder Amerikaner – so mein Eindruck - irgend jemanden, der während seiner Militärzeit in Deutschland einmal stationiert war oder nach Deutschland gereist ist. Manche Amerikaner haben selbst deutsche Vorfahren und fühlen sich deren alter Heimat immer noch irgendwie verbunden. Der Rhein, Heidelberg, Schloss Neuschwanstein und das Münchener Oktoberfest, in den letzten Jahren auch Berlin, das sind Orte, die auch vielen Einwohnern der amerikanischen Provinz etwas sagen. Jede Menge Gesprächsstoff also für einen Smalltalk! Gleiches gilt für die ebenfalls gern gestellte Frage nach dem Beruf. Viele Amerikaner erzählen Ihnen schon bei einem ersten Plausch freimütig alles über ihre persönlichen Verhältnisse und ihre Familiengeschichte. Jüngere Zeitgenossen vergewissern sich außerdem gerne, ob es wirklich wahr ist, dass man als 18-Jähriger in Deutschland problemlos in jeder Kneipe ein Bier bekommt. Und ob es wirklich wahr ist, dass man auf unseren Autobahnen so schnell fahren darf wie man will. Letzteres stimmt zwar nur noch sehr eingeschränkt, macht aber trotzdem Eindruck.

Versuchen Sie bei Ihren Gesprächen Ihrerseits, das Thema auf die Schönheiten Ihres Gastlandes zu lenken. Schließlich ist das der Grund, weshalb Sie so weit gereist sind. Und sparen Sie dabei nicht mit Superlativen. Für Amerikaner ist eine Bewertung, egal um was es jeweils geht, als schön, gut oder in Ordnung ein halber Verriss. Dinge, die es dem Sprecher wirklich angetan haben, sind großartig, toll oder überwältigend. Wenn Bauten, Ausstattungen oder Kunstwerke zum Gesprächsthema werden, sind die Amerikaner außerdem sehr schnell beim Kostenpunkt. Hohe Kosten sind ein Synonym für große Bedeutung und hohe Wertschätzung! Wundern Sie sich also nicht! Vermeiden Sie im Übrigen den Einstieg in eine Diskussion über die aktuelle Politik der US-Administration, jedenfalls solange Sie nicht wissen, wie Ihr Gesprächspartner darüber denkt. Gleiches gilt für das Thema Religion.

Zum Abschluss des Gesprächs kann es Ihnen passieren, dass Ihr freundlicher Gesprächspartner Sie einlädt, dieser Tage doch einmal bei ihm vorbeizuschauen. Danken Sie ihm, aber kommen Sie nicht auf die Idee, das für bare Münze zu nehmen. Ihr Gesprächspartner wäre mehr als überrascht, wenn Sie tatsächlich vor seiner Tür stehen würden.

8.4 Reiseführer, Ranger

Reiseführer sind eine Berufsgruppe, mit der Sie als Individualreisender zumindest nicht ständig in Kontakt stehen. Entschließen Sie sich aber, irgendwo auch einmal an einer geführten Tour teilzunehmen, haben Sie einen „Guide", der Sie auf diesem Trip gut betreuen wird. Amerikanische Führer sind, so habe ich sie kennengelernt, stets sehr interessiert, Informationen zu übermitteln, „brennen" häufig für ihr Thema und freuen sich, wenn sie ergänzende Fragen beantworten können. Rechnen Sie allerdings im Normalfall mit einer Kommunikation in Englisch. Bei objektbezogenen Führungen (Museen o.ä.) werden Trinkgelder regelmäßig nicht erwartet (s.o.). Anders ist das bei Bootstouren o.ä., wo Ihr „Guide" ein „Tip" dankbar entgegennimmt.

Reiseführerfunktion hat oft auch der Ranger in einem Nationalpark. Er veranstaltet geführte Touren, bei denen man vieles über den Park und seine Zweckbestimmung lernen kann. Daneben ist der Ranger aber auch noch für den Erhalt der ihm anvertrauten Natur verantwortlich – und er übt in vielen Parks die Polizeigewalt aus, ist also im Zweifel auch Hoheitsträger. Achten Sie deshalb darauf, in welcher Funktion Ihnen der Ranger gegenübertritt. Trinkgelder sind unangebracht.

8.5 Polizeibeamte und andere Hoheitsträger

Der Kontakt mit Hoheitsträgern, insbesondere mit Polizeibeamten, ist natürlich ein Kapitel für sich. Als Autofahrer hofft man, Kontakte auch dieser Art tunlichst vermeiden zu können. Sollten Sie doch einmal gestoppt werden, verhalten Sie sich in erster Linie so, dass für jedermann erkennbar ist: Von Ihnen geht keine Gefahr aus.

Wenn ein Polizeifahrzeug hinter Ihnen plötzlich Blaulicht und Horn einschaltet, dann bremsen Sie ab und halten sobald als möglich an. Wenn der Streifenwagen hinter Ihnen ebenfalls hält, sind Sie gemeint! Stellen Sie jetzt den Motor ab. Der Beamte kontrolliert zunächst Ihren Wagen über Funk. Dann steigt er aus und kommt von hinten an den Wagen, meist mit der Hand an der Waffe. Der zweite Polizist, so vorhanden, sichert von hinten. Öffnen Sie jetzt die Wagenfenster auf allen Plätzen, die in Ihrem Fahrzeug besetzt sind, und nehmen Sie ggf. die Sonnenbrille ab. Steigen Sie nicht ohne Aufforderung aus. Legen Sie Ihre Hände auf das Lenkrad und suchen Sie nicht unaufgefordert im Handschuhfach nach Papieren. Der Polizist wird sonst vermuten, dass im Handschuhfach eine Waffe liegt und wird alles tun, damit Sie die Waffe nicht erreichen. Greifen Sie deshalb auch keinesfalls ohne Ankündigung in Ihre Jacke! Generell gilt: Passiv verhalten und auf die Anweisungen des Polizisten warten! Erklären Sie, dass Sie Tourist sind und dass Englisch nicht Ihre Muttersprache ist. Kündigen Sie jede beabsichtigte Aktion (z.B. Papiere herausholen) vorher an. Und benützen Sie möglichst oft die Anrede „Sir" oder „Officer". Witzig gemeinte Bemerkungen sind dagegen nicht angebracht. Der Polizist will in der Regel den Führerschein („Driving Licence"), den Reisepass („Passport") und den Vertrag mit dem Mietwagenunternehmen („Rental Agreement") sehen. Der weitere Ablauf hängt von den Umständen ab. Da Routine-Kontrollen in den USA sehr selten sind, können Sie davon ausgehen, dass Sie aufgrund eines Verstoßes gegen irgendeine Vorschrift angehalten worden sind. Trifft der Vorwurf zu, sollten Sie das Vergehen unumwunden eingestehen und Reue zeigen, anstatt mit dem Polizeibeamten zu diskutieren. Amerikanische Polizisten sind in der Regel letztlich sehr umgänglich und belassen es bei kleinen Verkehrsvergehen schon einmal bei einer Verwarnung, wenn sie auf einen reuigen Sünder stoßen. Wer dennoch einen Strafzettel („Ticket") für sein Vergehen kassiert, sollte alsbald bezahlen (s.o. zu möglichen Parkvergehen). Bieten Sie dem Polizeibeamten aber bitte nicht Sofortkasse an, da so schnell der Verdacht einer versuchten Bestechung entstehen könnte.

Damit auch hier kein falscher Eindruck entsteht: Ich selbst habe bei meinen Reisen durch die USA noch nie Probleme mit Polizeibeamten gehabt, habe sie vielmehr in den wenigen Fällen, in denen ich mit ihnen zu tun hatte (weil ich mich z.B. verirrt hatte und nach dem Weg gefragt habe), als echte Freunde und Helfer kennengelernt. Ein Polizeibeamter in Atlanta ist mir mit Rat und Tat zu Hilfe gekommen, als ein Fahrkartenautomat der örtlichen Verkehrsbetriebe meine 10-Dollar-Note verschluckt hat, ohne den gewünschten Fahrschein auszudrucken. Meine einzige Verkehrskontrolle habe ich im Grenzgebiet zu Mexiko erlebt, als die US Border Patrol eine Straßensperre eingerichtet hatte, um nach illegalen Grenzgängern zu fahnden. Der Beamte hat nur kurz in das geöffnete Wagenfenster geblickt, um dann seinem Kollegen zuzurufen: „German Tourists!" Wir konnten sofort weiterfahren. Wie er so schnell zu seiner Erkenntnis gelangt ist, weiß ich bis heute nicht. Probleme hatte ich nur einmal bei dem Versuch, in eine Marinebasis hineinzufahren, weil ich dort die Möglichkeit vermutet hatte, etwas zu besichtigen – die Vermutung war leider falsch. Das Militär hat mich gestoppt, nach Einsichtnahme in meinen Führerschein und einigen Erklärungen aber letztlich nur aus dem Sperrgebiet wieder hinausgeschickt. Man ist eben nett zu Touristen.

Straßenmusikanten, New Orleans, LA

9. Kapitel: Die Ausreise

9.1 Rückgabe des Mietwagens

Auch der längste Urlaub geht einmal zu Ende. Der Tag Ihres Rückflugs ist da. Fahren Sie mit dem Wagen zur Rückgabestation Ihres Mietwagenunternehmens, die tunlichst an dem Flughafen liegen sollte, von dem aus Ihr Flugzeug abfliegt. Sie sollten darauf achten, dass Sie spätestens zu der Uhrzeit dort eintreffen, zu der Sie den Wagen seinerzeit übernommen haben, da die Vermieter strikt im 24-Stunden-Rhythmus abrechnen. Kommen Sie zu spät, wird Ihnen ein zusätzlicher Tag in Rechnung gestellt. Wenn Sie schon im Voraus wissen, dass Sie die Zeitvorgabe nicht werden einhalten können, dann buchen Sie von Anfang an einen Tag mehr. Das ist billiger, als im Nachhinein einen Zusatztag bezahlen zu müssen.

Vergessen Sie nicht, noch einmal zu tanken, wenn Sie bei Anmietung des Wagens die erste Tankfüllung nicht gekauft haben.

Am Flughafen folgen Sie zunächst den Hinweisschildern „Rental Car Return". Am Zielort finden Sie Ihre Station, biegen ein und reihen sich in die Schlange der „Kollegen" ein. Fangen Sie an, Ihr Gepäck zu entladen. Vergessen Sie nichts und denken Sie insbesondere an ein mitgebrachtes Miet-Navi, das Sie jetzt wieder deinstallieren müssen. Rasch wird ein Mitarbeiter des Vermieters bei Ihnen sein. Er kontrolliert und notiert die von Ihnen zurückgelegte Entfernung sowie den Stand der Tankuhr. Für etwas anderes interessiert er sich in der Regel nicht. Er weist kurz auf die nach seinen Unterlagen noch zu entrichtenden Zahlungen für zusätzlich gebuchte Leistungen hin (siehe Abschnitt 2.3) und erbittet Ihr Einverständnis, Ihre Kreditkarte entsprechend belasten zu können. Sie erteilen dieses Einverständnis. Ich habe noch nie erlebt, dass etwas an der Abrechnung nicht gestimmt hätte.

Nun fragen Sie danach, wo Sie das Shutt- le zum Flughafenterminal finden. Ihr Gesprächspartner weist Ihnen den Weg. Sie fahren mit Ihrem Gepäck zum Terminal. Die Fahrt ist ein Service Ihres Vermieters und für Sie kostenfrei. Der Shuttlefahrer erkundigt sich, mit welcher Fluglinie Sie fliegen werden. Er setzt Sie zuverlässig an der richtigen Stelle ab.

9.2 Rückreiseformalitäten

Im Terminal gehen Sie zunächst zum Check-In-Schalter Ihrer Fluggesellschaft. Sie geben Ihr Gepäck ab, wobei Sie darauf achten, dass Koffer und Taschen nicht verschlossen sind, soweit diese nicht über Schlösser verfügen, die die TSA öffnen kann (siehe Abschnitt 1.6) Dann erhalten Sie Ihre Bordkarten, sofern Sie nicht schon online eingecheckt haben. Sie passieren Passkontrolle und Security Check. Dann gehen Sie zu Ihrem Gate. Weitere Ausreiseformalitäten gibt es nicht.

Bei der Einreise in die EU beachten Sie die Zollfreigrenzen. Als Erwachsener können Sie im Flugreiseverkehr mitgeführte „sonstige Waren", für die keine besonderen Mengenbegrenzungen gelten (anders als etwa für Tabakwaren oder Alkoholika), im Wert von 430 Euro abgabefrei in die EU einführen. Für Jugendliche unter 15 Jahren beträgt die Freigrenze 175 Euro; ältere Jugendliche gelten als Erwachsene. Grundvoraussetzung ist allerdings, dass die Waren zum persönlichen Ge- oder Verbrauch, sei es des Reisenden selbst oder von Haushaltsangehörigen, bestimmt sind. Auch Geschenke können mitgebracht werden. Ein entgeltliches Mitbringen für andere ist nicht von Abgaben befreit.

Achtung: Die Freigrenzen gelten nur für Waren, die Sie selbst mitführen oder sich mit dem Flugzeug voraus-

oder nachgeschickt haben. Wird Ihr Reisegepäck per Post voraus- oder nachgesandt, so gilt es nicht als mitgeführt. Beachten Sie ferner die Ein- und Ausfuhrverbote nach dem Washingtoner Artenschutzabkommen, das dem Schutz gefährdeter Arten freilebender Tiere und Pflanzen dient.

Haben Sie die Zollkontrolle (hoffentlich zusammen mit Ihrem Gepäck) passiert, sind Sie wieder zu Hause.

Lone Pine Tree, 17-Miles-Drive, Carmel, CA

10. Kapitel: Reiserouten

Nachfolgend möchte ich Ihnen als Anregung noch einige Beispiele für eine mögliche Routenplanung in Ihrem Urlaub und für mögliche Tagesprogramme vor Ort mit auf den Weg geben. Ich sehe bewusst davon ab, Ihnen nach Art eines Reiseführers im Detail zu schildern, was Sie auf einer solchen Reise alles sehen und besichtigen können. Das würde nämlich, wie schon zu Beginn erwähnt, Umfang und Charakter dieses Ratgebers sprengen. Auf ein paar „Highlights" der Reisen weise ich jeweils im Anschluss an das Programm trotzdem hin. Wenn Sie wollen, können Sie sich dann anhand vielfältiger auf dem Markt erhältlicher Literatur oder über das Internet über die einzelnen Etappen genauer informieren. Eines jedenfalls kann ich Ihnen versichern: Alle die nachfolgend aufgeführten Reisen sind so, wie ich Sie aufgeschrieben habe, durchführbar. Ich habe diese Reisen selbst genau so gemacht! Natürlich möchte ich Sie andererseits in kein „Korsett" zwängen. Ihre eigene Reise kann völlig anders aussehen, kann sich beispielsweise auf viel engerem Raum bewegen und dafür mehr Sehenswertes vor Ort mit berücksichtigen. Fühlen Sie sich also nicht genötigt, den halben Kontinent abzufahren, wenn Ihr besonderes Interesse letztlich nur einer bestimmten Gegend gilt. Und beachten Sie auch: Es ist nicht jedermanns Sache, wochenlang nur aus dem Koffer zu leben, weil man jeden Morgen alles wieder einpacken und weiterziehen muss! Wenn Sie in dieser Richtung Bedenken haben, dann planen Sie an Orten, die das Ihres

Erachtens hergeben, mehrtägige Aufenthalte ein. Und wenn Sie in freier Natur, in Lodges oder Cabins der Nationalparks etwa, übernachten wollen, dann denken Sie auch an das dafür nötige Equipment! Sollten Sie eine Nachtwanderung im Park planen, empfehle ich, eine starke Taschenlampe mitzunehmen. Vergewissern Sie sich aber, dass Sie bei Ihren Wanderungen möglichst keinen wilden Tieren zu nahe treten, die Ihnen unter Umständen nicht wohl gesonnen sind (Alligatoren, Giftschlangen, Bären etc.). Sie bewegen sich nicht in einem Tierpark, sondern sind in der Wildnis zu Gast. Also Vorsicht!

Ihnen allen wünsche ich viel Glück, interessante Begegnungen und gute Heimkehr.

10.1 USA – Der Westen

Reise 1

Hinflug nach Seattle, WA – Rückflug von San Diego, CA

Tag	Ort/Strecke	Meilen	Programm
01	München – Seattle	-	Hinflug
02	Seattle	-	Stadtbesichtigung
03	Seattle	-	Stadtbesichtigung
04	Seattle – Yakima	180	Auto, Mt. Rainier NP
05	Yakima – Missoula MT	398	Landschaft
06	Missoula –Y. NP	310	Landschaft
07	Yellowstone NP	100	Yellowstone NP
08	Yellowstone NP	110	Yellowstone NP
09	Yellowstone NP	-	Yellowstone NP
10	Y. NP – Jackson WY	100	G. Teton NP, Jackson
11	Jackson – S. Lake C. UT	245	Logan, Salt Lake City
12	S.L.C. – Winnemucca NV	345	Salzsee, Bonneville S.F.
13	Winnemucca – Reno	210	Virginia City, Reno
14	Reno – Sacramento CA	156	Ponderosa*, L. Tahoe, S.
15	Sacramento – Calistoga	90	Sutter's Fort, Napa Valley

16	Calistoga – S. Francisco	105	Bodega Bay, Muir Woods
17	San Francisco	-	Stadtbesichtigung
18	San Francisco	-	Stadtbesichtigung
19	San Francisco – Carmel	110	Mission, Monterey, C.
20	Carmel – Cambria	101	C. Mission, Big Sur
21	Cambria	20	Hearst Mansion
22	Cambria – S. Barbara	134	Solvang, S.B. Mission
23	Santa Barbara	-	Stadtbesichtigung
24	Santa Barbara	-	Baden
25	Santa Barbara	-	Baden
26	S. Barbara – L. Angeles	115	Venice Beach, Hollywood
27	Los Angeles – Anaheim	35	Universal Studios
28	Anaheim	-	Disneyland
29	Anaheim – San Diego	95	Crystal Cath., Carlsbad, S.D.
30	San Diego	-	Stadtbesichtigung
31	San Diego	10	Seaworld
32	S. Diego – München	10	Auto Rückgabe, Rückflug
33	Ankunft München	-	-

- Die Ponderosa-Ranch, älteren Zeitgenossen bekannt aus der Fernsehserie Bonanza, kann heute nicht mehr besichtigt werden.

Morning Glory Pool, Yellowstone Nationalpark, WY

Erstes Highlight der Reise 1 ist der Yellowstone-Nationalpark. Planen Sie für diesen Park unbedingt mehr als nur einen Tag ein! Der „Supervulkan" Yellowstone ist eine unglaubliche Landschaft mit zahllosen kochendheißen Quellen, Fumarolen und Geysiren, Schlammtöpfen und Kalkterrassen, aber auch mit einer beeindruckenden Flora und Fauna, die Sie nicht mehr loslassen werden. Geologen sprechen von einem „rauchenden Gewehr", das uns daran erinnert, wie gewalttätig unser Planet einmal war und an manchen Orten immer noch ist. Versuchen Sie, ein Quartier im Park selbst zu bekommen und lassen Sie sich nicht mit einer Unterkunft in West Yellowstone abspeisen. Einen Park mit einer Gesamtfläche von nahezu 9.000 Quadratkilometern erkunden Sie nicht, wenn Sie jedes Mal erst von außen anfahren müssen. Außerdem entfaltet der Park einen besonderen Reiz, wenn die Tagestouristen abgereist sind. Zur Reisezeit: Die meisten Parkstraßen sind von November bis Anfang Mai gesperrt.

Ein weiteres Highlight der Reise ist San Francisco, das Sie von Norden kommend über die Golden Gate Bridge erreichen werden. Hoffentlich haben Sie gutes Wetter; die Stadt ist für ihre kühlen, nebligen Sommertage geradezu berühmt. Gehen Sie am Wharf spazieren, besichtigen Sie Alcatraz, flanieren Sie durch die Innenstadt mit der Transamerica-Pyramide, dem Union Square und Chinatown, machen Sie eine Fahrt mit dem Cable Car und lassen Sie sich von dem Flair anstecken, den diese Stadt ausstrahlt.

Nach Süden, Richtung Los Angeles, fahren Sie nicht über die Autobahn, sondern folgen dem California Highway Number 1, einer der Traumstraßen dieser Erde, vergleichbar nur mit der Corniche in Südfrankreich, der Amalfitana in Süditalien oder der Great Ocean Road im Süden Australiens. Spektakuläre Ausblicke erwarten Sie hinter jeder Kurve.

Los Angeles bietet Highlights ganz anderer Art. Besuchen Sie die Strandpromenade von Venice mit Verrücktheiten wie etwa einem Geschäft, in dem Sie Hüte für Hunde kaufen können. Sie können sich die Zukunft aus der Hand lesen lassen oder Amulette gegen alle Gefahren des Lebens erwerben. Wenn Sie noch Zeit haben, könnten Sie den Rodeo Drive hinauf und hinunter spazieren und begegnen mit etwas Glück einem Filmstar. Im Westwood Park Memorial Cemetery haben viele verstorbene Stars wie Marilyn Monroe oder Jack Lemmon ihre letzte Ruhestätte gefunden. Auch dies wäre ein Ziel, das Sie ansteuern könnten. In jedem Fall fahren Sie zum Walk of Fame in Hollywood. Außerdem sollten Sie entweder die Universal Studios (Filmthemenpark) oder die Warner Brothers Studios (Working Studio mit Produktionen aktueller Fernsehserien) besuchen. Den Abschluss bildet ein Besuch in Disneyland, gelegen im Vorort Anaheim. Auch wenn Sie kein „Alibi-Kind" bei sich haben: Gönnen Sie sich einen Tag in einer schönen, heilen Welt!

Letzte Station Ihrer Reise ist San Diego, eine Großstadt direkt an der mexikanischen Grenze. Besuchen Sie Seaworld, einen Park mit Meeresgetier, machen Sie eine Stadtrundfahrt und spazieren Sie durch die Altstadt. In vielen größeren Lokalen dort werden Sie abends auf Mariachi-Bands stoßen. Ein Ziel Ihrer Rundfahrt sollte das historische Grandhotel del Coronado in der gleichnamigen Vorstadt sein, gelegen auf einer vorgelagerten Halbinsel. Hier hat Billy Wilder seinen Kultfilm „Manche mögen´s heiß" gedreht. Wenn Sie den Film gesehen haben, werden Sie die Location sofort wiedererkennen.

Reise 2

Hinflug nach San Francisco, CA – Rückflug von Seattle, WA

Tag	Ort/Strecke	Meilen	Programm
01	München – S. Francisco	12	Hinflug, Auto
02	San Francisco	-	Stadtbesichtigung
03	San Francisco – Williams	164	Napa Valley
04	Williams – Redding	200	Lassen Volcanic NP
05	Redding	65	Shasta Caverns, Baden
06	Redding – Crescent City	220	Redwood NP
07	C. City – Crater Lake OR	180	Crater Lake NP
08	Crater Lake	38	Crater Lake NP
09	Crater Lake – Florence	201	Hw 138-Falls, Oakld.
10	Florence – Newport	51	Sea Lions, C. Perpetua
11	Newport – Portland	124	Agate Beach, Portland
12	Portland	70	Columbia River, P.
13	Portland – Olympia WA	172	Mt. St. Helens NM, O.
14	Olympia – Lake Crescent	195	Tide Pools, Hoh Rain F.
15	Lake C. – Port Angeles	140	Olympic NP
16	P. Angeles – Victoria BC	10	Fähre ; Butchart G., V.
17	Victoria – Campbell River	188	Chemainus

18	Campbell River	60	Fischzucht, Strathcona PP
19	C. River – Port Hardy	155	Telegraph C., Alert Bay
20	Port Hardy – Prince Rupert	-	Fähre (Inside Passage)
21	Prince Rupert –Smithers	204	Kitwanga, K'san, M.-town
22	Smithers – Prince George	320	Ft. St. James
23	Prince George – Jasper AB	214	Mt. Robson, Jasper NP
24	Jasper	70	Jasper NP
25	Jasper – Banff	175	Icefield Pwy, L. Louise
26	Banff	30	Banff NP
27	Banff – Revelstoke BC	163	Yoho, Glacier, Mt. R. NP
28	Revelstoke – Vancouver	395	Hells Gate
29	Vancouver	10	Stadtbesichtigung
30	Vancouver	20	Stanley Park
31	Vancouver – Seattle WA	165	Whidbey Island
32	Seattle – München	12	S., Auto Rückg., Rückflug
33	Ankunft München	-	-

Spirit Island, Jasper Nationalpark, AB

Reise 2 ist eine Fahrt in nördliche Gefilde mit viel Natur, aber auch spektakulären Städten. Sie beginnen in San Francisco, einer Stadt, die mich immer wieder begeistert. Ich verweise hier auf meine Anmerkungen zu Reise 1. Wenn Sie alles andere schon kennen: Wie wäre es diesmal mit einer Rundfahrt in der San Francisco Bay, einem Besuch im Golden Gate Park oder im Palace of Fine Arts?

Ihre Route führt Sie jetzt über das Napa Valley, das berühmteste Weinanbaugebiet der USA, nach Norden in Richtung Oregon und Washington State. Sie sehen einige kleinere Nationalparks und überqueren aus dem Olympic Park kommend mit einer Fähre die kanadische Grenze nach Victoria, der sehr britisch wirkenden Hauptstadt der Provinz British Columbia. Der weitere Weg führt in den Norden von Vancouver Island nach Port Hardy. Unterwegs machen Sie Station auf Alert Bay, einer kleinen Insel mit einem Kulturzentrum der Nimpkish-Indianer, wo Sie viel über die Traditionen dieses Volkes im Allgemeinen und die Potlatch-Feste im Besonderen erfahren. In Port Hardy sollten Sie die (vorgebuchte!!) Fähre nach Prince Rupert erreichen, den nördlichsten kanadischen Hafen am Pazifik nahe der Grenze zu Alaska. Ihnen steht eine spannende Schiffsreise bevor durch die Inside Passage, ein Gewirr von schmalen Meeresarmen, oft nur so breit wie ein größerer Fluss, die vorgelagerte Inseln vom nordamerikanischen Festland trennen. Halten Sie Ausschau! Vielleicht sehen

Sie Orcas oder Delphine. Ihr Auto ist natürlich mit an Bord.

In Kitwanga, am Trans Canada Highway 16, könnten Sie Totempfähle bestaunen und das K'san Indian Village besuchen, ein weiteres Zentrum zur Darstellung indianischer Kultur.

Sie nähern sich jetzt dem absoluten Highlight der Reise, dem Besuch in den kanadischen Rocky Mountain Parks Jasper und Banff, verbunden durch den Icefield Parkway, eine Hochgebirgsstraße, die u.a. Gelegenheit bietet, das Columbia Icefield, einen Gletscher, zu erkunden. In den Parks gibt es Natur pur, hohe Berge, glitzernde Seen und tosende Wasserfälle wie die Athabasca Falls. Abends ist in den Fremdenverkehrszentren Jasper und Banff nicht nur für Unterkünfte aller Art, sondern auch für Speis und Trank hinreichend gesorgt.

Ihr Weg führt schließlich durch weitere, kleinere Parks in die westkanadische Metropole Vancouver, die ebenfalls eine intensivere Besichtigung lohnt. Ein Highlight ist der Stanley Park, die größte städtische Grünanlage Kanadas mit einer Sammlung bunt bemalter Totempfähle und einem weltberühmten Aquarium.

Die Rückreise treten Sie, wieder in den USA angekommen, von Seattle aus an, der Stadt mit der Space-Needle als Wahrzeichen. Hier können Sie Ihren US-Mietwagen zurückgeben, was in Kanada nicht möglich gewesen wäre.

Reise 3

Hin- und Rückflug nach und von Denver, CO

Tag	Ort/Strecke	Meilen	Programm
01	München – Denver	-	Hinflug
02	Denver	-	Stadtbesichtigung
03	D. – Colorado Springs	70	Auto, USAF, G. of Gods
04	C. Springs – Alamosa	210	Great Sand Dunes
05	Alamosa – Taos NM	90	Taos Pueblo
06	Taos – Durango CO	230	Aztec Ruins, Durango
07	Durango	120	Mesa Verde NP
08	Durango – Gr. Junction	200	Black Canyon
09	Gr. Junction – Moab UT	100	Colorado NM
10	Moab	40	Arches NP
11	Moab	80	Canyonlands NP
12	Moab – Blanding	150	Canyonlands NP
13	Blanding – Torrey	200	Nat. Bridges, Capitol Reef
14	T. – Bryce Canyon NP	104	Grand Staircase NM
15	Bryce Canyon NP	20	Bryce Canyon NP
16	Bryce C. NP – Vernal	330	Dinosaurier - Figur
17	Vernal	40	Dinosaur NM
18	Vernal – Blackfoot ID	335	Flaming Gorge, Fossil B.

19	B. – Yellowstone NP	279	Craters of the Moon NM
20	Yellowstone NP	-	Yellowstone NP
21	Yellowstone NP	100	Yellowstone NP
22	Y. NP – Cody WY	120	Old Trail Town, Rodeo
23	Cody – Forsyth MT	295	Med. Wheel, L.Bighorn
24	Forsyth – Medora ND	203	Theodore-Roosevelt-NP
25	Medora – Deadwood SD	220	Broken Boot Mine, D.
26	Deadwood – Rapid City	110	Mt. Rushmore, Crazy H.
27	R. City – Hot Springs	265	Badlands NP, Wounded K.
28	Hot Springs	30	Wind Cave NP
29	H. Spr. – Wheatland WY	260	Scottsbluff NM, Ft. Lar.
30	W. – Estes Park CO	180	Rocky Mountains NP
31	Estes Park – Denver	155	R. M. NP, Golden
32	Denver - München	25	Auto Rückg., Rückflug
33	Ankunft München	-	-

Double-O-Arch, Arches Nationalpark, UT

Auch Reise 3 zielt schwerpunktmäßig auf die Erkundung spektakulärer Landschaften des Westens, speziell des Colorado-Plateaus. Highlights sind hier die Nationalparks Arches, Canyonlands, Bryce Canyon und Yellowstone. Auf dieser Reise ist Kondition gefordert, denn einige der Hauptsehenswürdigkeiten wie z.B. der Delicate Arch oder der Double-O-Arch im Arches Park sind nur zu Fuß auf rauen Pfaden erreichbar. Auch der Bryce Canyon fordert Sie heraus! Fahren Sie hier nicht nur zu den Aussichtspunkten, sondern steigen Sie hinunter in den Canyon zu den Felsnadeln. Ich empfehle den Abstieg über den Navajo Loop Trail, der in einen Wanderweg mündet. Beim Sunrise Point können Sie dann wieder hinauf zum Rim.

Über den Yellowstone Park habe ich schon oben bei den Anmerkungen zu Reise 1 geschrieben. Der Park ist so groß und bietet so viel zu sehen und zu erleben, dass er auch beim zweiten Besuch einen längeren Aufenthalt rechtfertigt.

Zweiter Schwerpunkt der Reise sind die Indianerkulturen des Südens und des Nordens. Als Beispiel der südlichen Pueblo-Kultur besuchen Sie das Taos Pueblo in New Mexico. Das bis zu fünf Stockwerke hohe Pueblo beherbergt noch heute mehr als 2000 Menschen, deren Lebensweise sich nicht wesentlich von derjenigen ihrer Vorfahren unterscheidet. Vorsicht: Sie besichtigen hier kein Museum! Respektieren Sie die Vorgaben der Dorfbevölkerung, insbesondere was das Fotografieren anbelangt. Mehr über die Vorfahren der heutigen Pueblo-Indianer erfahren Sie dann im Mesa Verde Nationalpark, wo Sie uralte mehrstöckige Wohnbauten bewundern können, die die Anasazi, die „Alten", wie sie die Navajos nennen, unter den Canyonrand in den Felsen hineinkonstruiert haben (sog. cliff dwellings). Warum diese Strukturen im 13. Jahrhundert aufgegeben worden sind, weiß heute niemand mehr zu sagen.

Die Prairie-Indianer des Nordens lernen Sie beim Besuch des Crazy Horse Memorial in South Dakota kennen. Hierbei handelt es sich eigentlich um ein geplantes überlebensgroßes Denkmal des Sioux-Häuptlings Crazy Horse auf einem Wildpferd, gedacht als „Konkurrenz" zum nahe gelegenen Mount Rushmore mit den berühmten Präsidentenköpfen. Das Denkmal ist trotz vieler Jahrzehnte Planung und Bauzeit aber auch heute bei weitem noch nicht fertig; allenfalls Teilstücke sind erkennbar. Es existiert ein Modell, das besichtigt werden kann. Noch interessanter ist aber, dass die Indianer die Gedächtnisstätte bereits nutzen, um ihre Kultur dort vorzustellen. Mit etwas Glück können Sie beispielsweise die originalgetreue Aufführung eines Kriegstanzes miterleben. Die nördlichen Stämme sind auch nicht so fotoscheu wie die Indianer des Südens.

Passend zum Thema Sioux sollten Sie zuvor im Übrigen am Little Bighorn Battlefield in Montana vorbeischauen, dem Schauplatz der blutigen Schlacht zwischen Indianern unter Führung der Lakota-Sioux und dem 7. Kavallerie-Regiment der US-Army unter dem Kommando von Lt. Col. George A. Custer, die im Juni 1876 mit einer kompletten Niederlage Custers endete. Der Schauplatz ist von Historikern aufbereitet und die Geschehnisse sind auch für Touristen gut nachvollziehbar dargestellt.

Ausgangs- und Zielort der Reise ist Denver, Colorado, „The Mile High City" am Fuß der Rocky Mountains und gleichzeitig die einzige größere Stadt, die Sie auf der vorgeschlagenen Route zu sehen bekommen.

10.2 USA – Der Osten

Reise 4

Hin- und Rückflug nach und von New York, NY

Tag	Ort/Strecke	Meilen	Programm
01	München – New York	-	Hinflug
02	New York	-	Stadtbesichtigung
03	New York	-	Stadtbesichtigung
04	New York	-	Stadtbesichtigung
05	N. Y. – Philadelphia PA	87	Auto, Stadtbesichtigung
06	P. – Washington DC	144	Baltimore, Arlington
07	Washington	-	Stadtbesichtigung
08	W. – Lancaster PA	150	Gettysburg, Dutch County
09	Lancaster– Corning NY	210	Amish Farm
10	C. – Niagara Falls ON	163	Finger Lakes, Ft. Erie
11	Niagara Falls	-	Niagarafälle
12	Niagara F. – Huntsville	235	Toronto
13	H. - Barry´s Bay	100	Algonquin PP
14	Barry´s Bay – Ottawa	134	Stadtbesichtigung
15	Ottawa – Montreal PQ	162	Hull, Mont Royal
16	Montreal	-	Stadtbesichtigung

17	Montreal – Burlington VT	73	Ausable Ch., L.Champl., B.
18	B. – White River Jct.	100	M. Horse Farm, Woodst.
19	W. R. – N. Conway NH	121	Franconia N.SP, K. Hwy
20	N. C. – Haverhill MA	150	Portland, Portsmouth
21	Haverhill – Boston	90	Salem, Concord, Harvard
22	Boston	-	Stadtbesichtigung
23	Boston – Hyannis	140	Plymouth, Cape Cod
24	Hyannis	-	Nantucket (Fähre)
25	Hyannis – Westerly R	140	Newport RI
26	Westerly	10	Baden
27	Westerly	10	Baden
28	W. – Sturbridge MA	70	Old Sturbridge Village
29	Sturbridge – Pittsfield	100	Tanglewood, Shaker Villg.
30	P. – New Haven CT	104	Yale
31	N. H. – EWR – München	115	Auto Rückg., Rückflug
32	Ankunft München	-	-

Skyline von Manhattan, New York, NY

Reise 4 ist sehr geschichtsträchtig. Der Bogen spannt sich von den Pilgervätern über den amerikanischen Unabhängigkeitskrieg und den Bürgerkrieg bis hin zu den USA unserer Tage.

Schwerpunkte sind natürlich zunächst einmal die US-Metropolen New York, Philadelphia, Washington und Boston sowie die kanadischen Großstädte Toronto, Ottawa und Montreal. Zu diesen Städten will ich im Einzelnen gar nicht viel sagen; ich verweise auf die einschlägigen Reiseführer. Speziell New York ist natürlich ein Kosmos für sich. Bleiben Sie ein paar Tage und planen Sie, was Sie sehen wollen. Die Freiheitsstatue, eventuell auch Ellis Island sollten dabei sein, das Finanzviertel von Manhattan, das neue One World Trade Center mit dem Museum, das an den Terroranschlag auf das alte World Trade Center erinnert. Schauen Sie sich in Midtown Manhattan um, besuchen Sie das MoMA und den Central Park und vielleicht auch das UN Headquarter.

Philadelphia und Boston bieten Sehenswürdigkeiten zur amerikanischen Revolution. Boston zu besichtigen ist relativ einfach. Folgen Sie dort nur der auf dem Bürgersteig aufgemalten roten Linie des Freedom Trail. Washington, die Schaltzentrale der Macht, bietet Regierungsgebäude, Denkmäler, vor allem aber auch tolle Museen zu vielen Themenbereichen. In Gettysburg können Sie eine der entscheidenden Schlachten des amerikanischen Bürgerkrieges nachvollziehen.

In Kanada hält sich die touristische Relevanz von Toronto in Grenzen. Ottawa und Montreal sind aber sehr sehenswert, Montreal vor allem wegen seiner französisch anmutenden Altstadt.

Die Natur kommt auf Ihrer Reise auch nicht zu kurz: Das Highlight schlechthin sind natürlich die Niagarafälle. Besichtigen Sie die Fälle von der us-amerikanischen und der kanadischen Seite aus und machen Sie eine Fahrt mit der Maid of the Mist!

Die Neuenglandstaaten locken mit ländlichem Charme. Die beste Reisezeit und gleichzeitig Hochsaison ist hier der Herbst (Indian Summer) mit seiner Laubfärbung. Besuchen Sie, wenn Sie Gelegenheit dazu haben, eine Farm und informieren Sie sich über die Produktion von Ahornsirup. Massachusetts atmet wieder den Hauch der Geschichte. Bei Plymouth haben 1620 die Pilgerväter der Mayflower erstmals amerikanischen Boden betreten. Einen Nachbau der Mayflower kann man besichtigen. Cape Cod ist im Sommer ein einziges Feriencamp. Die Insel Nantucket ist ein Muss für alle, die sich für die Geschichte des Walfangs interessieren.

In Newport, Rhode Island, kann man Sommerpaläste der Reichen und Schönen des ausgehenden 19. Jahrhunderts besichtigen. Den Bogen schließen ein paar Tage am Strand. Die Rhode Island Beaches laden zum Bad im Meer.

Reise 5

Hin- und Rückflug nach und von New York, NY

Tag	Ort/Strecke	Meilen	Programm
01	München – New York	-	Hinflug
02	New York	-	Stadtbesichtigung
03	New York	-	Stadtbesichtigung
04	N. Y. – Princeton NJ	45	Auto, Universität
05	P. – Harrisburg PA	155	Hershey, Riverfront
06	H. – Lexington VA	247	Stonewall J. Hs., Univ.
07	L. – Oak Ridge TN	310	Museum of Science & E.
08	Oak R. – Huntsville AL	225	J. Daniels Distillery
09	H. – Chattanooga TN	100	Space C., Russell Cv.
10	Chatt. – Atlanta GA	120	Lookout Mountain
11	Atlanta	-	Stadtbesichtigung
12	A. – Montgomery AL	170	Stadtbesichtigung
13	M. – New Orleans LA	342	Biloxi, Beauvoir
14	New Orleans	-	Stadtbesichtigung
15	N. O. – Wakulla Spr. FL	422	-
16	Wakulla Springs	-	Wakulla Springs SP
17	W. Spr. – St. Augustine	210	F. of Youth, Stadtbes.
18	St. Augustine	-	Baden

19	St. A. – Waycross GA	132	Okefenokee Swamps
20	Waycross – Savannah	170	Ft. Pulaski NM, Stadtbes.
21	Savannah	-	Stadtbesichtigung
22	S. – Charleston SC	135	Drayton Hall
23	Charleston	-	Ft. Sumter, Stadtbes.
24	Ch. – Myrtle Beach	93	Georgetown
25	Myrtle Beach	-	Baden
26	M. Beach – Buxton NC	232	Ocracoke (2x Fähre)
27	Buxton	10	Cape H. N. S., Baden
28	Buxton – Norfolk VA	150	Wright Bros. NM
29	Norfolk – Richmond	80	Col. Williamsburg
30	Richmond	-	Stadtbesichtigung
31	Richmond – Alexandria	100	Pot. Mills, Stadtbes.
32	Alexandria	15	Mt. Vernon, Stadtbes.
33	A. – Philadelphia PA	164	Stadtbesichtigung
34	P. –EWR - München	87	Auto Rückg., Rückfl.
35	Ankunft München	-	-

Drayton Hall, Charleston, SC

Reise 5 hat ihren Schwerpunkt in den Südstaaten. Sie begegnen auf Schritt und Tritt der Geschichte des alten Südens, kulminierend im Bürgerkrieg und seinen Protagonisten. Der Präsident der Konföderation Jefferson Davis wie auch die Südstaaten-Generäle Robert E. Lee und „Stonewall" Jackson haben in vielen Städten ihre Denkmäler, die heute oft Anlass zu politischer Auseinandersetzung bieten. Für den Gast aus Europa ist erstaunlich, dass der Bürgerkrieg hier immer noch seine Nachwirkungen hat.

Städte des alten Südens sind vor allem Savannah und Charleston sowie Richmond. Atlanta hingegen ist eine moderne Großstadt, geprägt von CNN und Coca Cola. Hier wie in Montgomery, Alabama können Sie aber auch auf den Spuren von Dr. Martin Luther King wandeln, der sein Leben dem Kampf für die Gleichberechtigung der afroamerikanischen Bevölkerung gewidmet hat.

Huntsville ist ein Zentrum der Raumfahrt; das Space Center bietet von der V2 bis zur Saturn V, den Mondlandekapseln und einem Space Shuttle alles, was der Interessierte sehen möchte. Gezeigt wird auch das Arbeitszimmer von Wernher von Braun.

New Orleans ist eine wundervolle Stadt, die auch einen längeren Aufenthalt lohnen würde. Steigen Sie im French Quarter ab und erkunden Sie die Altstadt. Zentraler Platz ist der Jackson Square mit der St. Louis Kathedrale. Überall werden Sie auf Straßenmusikanten stoßen, die Ihnen ein Gefühl für das Motto der Stadt vermitteln werden: Laissez les bons temps rouler!

St. Augustine in Florida ist die älteste Stadt der USA mit Spuren noch aus der Zeit der Spanier. Zu besichtigen ist hier u.a. Ponce de Leons Quelle der ewigen Jugend. Wenn Sie Bedarf haben, trinken Sie aus der Quelle!

Für den Naturliebhaber empfehle ich den Wakulla Springs State Park. Schwimmen Sie im tiefsten Quelltopf der Welt und nehmen Sie an einer rangergeführten Bootsfahrt auf dem Wakulla River teil, wo Sie jede Menge Alligatoren, aber auch riesige Seekühe und sonstiges Getier bestaunen können. Ein echtes Erlebnis ist auch der Besuch auf den Outer Banks von North Carolina, einer langgestreckten Inselkette, die den Pamlico Sound vom offenen Atlantik trennt. Zwei Fähren bringen Sie von Süden kommend nach Cape Hatteras. Bei Kill Devil Hills können Sie sich im Wright Brothers National Memorial über die ersten Flugversuche der Gebrüder Wright informieren.

Zuletzt tauchen Sie wieder in die Kolonialzeit und die Zeit des Unabhängigkeitskrieges ein. Colonial Williamsburg vermittelt Ihnen als eine Art Freiluftmuseum mit kostümierten Bewohnern den Eindruck einer kolonialen Residenzstadt des 18. Jahrhunderts. Mount Vernon ist das Heim von George Washington, der auch in den Gartenanlagen beigesetzt ist.

10.3 USA – Von Küste zu Küste

Die Reisen von Küste zu Küste haben für mich ihren eigenen Reiz – nicht nur wegen der großen Entfernungen, die es zu bewältigen gilt, sondern weil man gerade bei den Fahrten über Land, durch die von manchen verächtlich als „Fly-over-States" bezeichneten Gebiete, das echte Amerika kennen lernt, mit Leuten sprechen kann, die gelegentlich ganz undiplomatisch ihre Sicht der Dinge zum Ausdruck bringen. Auch wenn einem manches nicht gefallen mag: Hier erfährt man, wie Amerika „tickt". Wenn man nur die Metropolen und sonstigen Zentren des Tourismus besucht, erhält man leicht ein verzerrtes Bild des Landes.

Reise 6

Hinflug nach San Francisco, CA - Rückflug von Miami, FL

Tag	Ort/Strecke	Meilen	Programm
01	München – S. Francisco	-	Hinflug
02	San Francisco	-	Stadtbesichtigung
03	San Francisco	-	Stadtbesichtigung
04	S. F. – Yosemite NP	192	Auto, Mariposa Grove
05	Yos. NP – Lee Vining	115	Yosemite NP, Mono Lake
06	Lee V. – Death Valley	250	Death Valley
07	D. V. – Las Vegas NV	150	Las Vegas
08	L.V. – Mt.Carmel Jct.UT	148	Zion NP
09	Mt. Carmel Jct.	152	Bryce Canyon NP
10	Mt. C. – G. Canyon AZ	249	L. Powell, Horse Shoe B.
11	Grand Canyon Village	10	Grand Canyon NP
12	Grand Canyon Village	-	Grand Canyon NP
13	G. C. – Farmington NM	300	Monument Valley
14	Farmington – Santa Fe	260	Chaco Culture NHP
15	Santa Fe	-	Stadtbesichtigung
16	Santa Fe – Carlsbad	265	Roswell
17	Carlsbad	40	Carlsbad Caverns NP

18	Carlsbad – Ft. Worth TX	435	F.W. Stockyards
19	Ft. Worth – Dallas	80	Southfork R., Stadtbes.
20	Dallas – Vicksburg MS	339	Stadtbesichtigung
21	Vicksburg – Natchez	61	Vicksburg MP, Stadtbes.
22	N. – New Orleans LA	144	B. Rouge, Plantagen, N.O.
23	New Orleans	-	Stadtbesichtigung
24	N. O. – Panama C. B. FL	281	Panhandle Beaches
25	Panama City Beach	-	Baden
26	Panama C. B. – Orlando	373	-
27	Orlando	-	Disneyworld
28	Orlando	-	Disneyworld
29	Orlando – Miami Beach	268	Cape Canaveral
30	Miami Beach	-	Baden
31	Miami Beach	10	Miami, Baden
32	Miami B. - Florida City	30	Biscayne NP
33	Florida City	98	Everglades NP
34	Florida City – Key West	130	Coral Reef SP, Keys
35	Key West	-	Stadtbesichtigung
36	K. W. – MIA – München	170	Auto Rück., Rückflug
37	Ankunft München	-	-

Grand Canyon, AZ

Reise 6 beginnt wieder einmal in San Francisco. Zu dieser Stadt ist bereits alles gesagt (siehe Reisen 1 und 2). Erste Ziele im Westen sind der Yosemite Park und das Tal des Todes (Death Valley). Der Yosemite Park ist ein alpin anmutender Hochgebirgspark, Stätte des Welterbes der UN. Das Tal des Todes, besucht im Sommer, ist heiß, so heiß, wie Sie es sich kaum vorstellen können. Buchen Sie eine Übernachtung in der Furnace Creek Ranch und nehmen Sie genügend Wasser mit. Zum nächsten Ziel, Las Vegas, der Stadt der Casinos, muss ich wohl auch nicht viel sagen. Scheuen Sie sich nicht, eine Übernachtung in einem der großen Casino-Hotels zu buchen und/oder dort zu Abend zu essen. Die Preise sind dort zumindest unter der Woche meist erstaunlich günstig. Es folgen weitere Parks, u.a. wieder der Bryce Canyon und vor allem der Grand Canyon. Hier sollten Sie sich Übernachtungen im Village gönnen und, wenn Sie sich wirklich fit fühlen, am frühen Morgen über den Bright Angel Trail ein wenig in den Canyon hinabsteigen. Überschätzen Sie sich nicht! Sie müssen nicht bis zum Colorado hinunter kommen!

Ihr Weg führt Sie weiter, durch das Monument Valley und vielleicht auch den Chaco Culture Park (zur Zeit meines Besuchs nur über eine „gravel road" erreichbar!) nach Santa Fe, einer Stadt noch ganz im Adobe-Baustil der frühen Jahre. Der dortige Gouverneurspalast ist eines der ältesten, noch existierenden öffentlichen Gebäude der USA.

Es geht weiter. Carlsbad Caverns ist ein riesiger Höhlenpark. Bleiben Sie bis zur Dämmerung und erleben Sie, wie Millionen Fledermäuse aus der Höhle herausfliegen. Bei Dallas können Sie, wenn Sie wollen, die Southfork Ranch besichtigen, bekannt aus der nach der Stadt benannten Fernsehserie, die vor vielen Jahren einmal ausgestrahlt wurde.

Unterhalb von Vicksburg fahren Sie über den Mississippi. Im dortigen Military Park können Sie eine Schlacht aus dem Bürgerkrieg nachvollziehen. Statuen lassen die Front zwischen den Armeen erkennen. Ab hier fahren Sie Richtung Süden, den Fluss entlang. Besichtigen Sie eine der alten Plantagen und/oder ein Ante-Bellum-Home in Natchez. Weibliche Mitglieder des örtlichen Fördervereins lassen als kostümierte Führerinnen begeistert die Welt des alten Südens auferstehen.

Zu New Orleans habe ich schon etwas geschrieben (Reise 5). Wenn Sie etwas mehr Zeit haben, werfen Sie einen Blick in den alten Lafayette Friedhof und fahren Sie mit der Straßenbahn in den Garden District.

Ihre Reise geht weiter Richtung Westen, den Florida Panhandle entlang Richtung Orlando. Disneyworld mit seinen Parks und Cape Canaveral sind neue Highlights. Wie in Huntsville (siehe oben, Reise 5) sind in Cape Canaveral Memorabilia des amerikanischen Weltraumprogramms zu besichtigen. Cape Canaveral ist aber auch noch als „Weltraumbahnhof" aktiv. Vielleicht erleben Sie die Vorbereitungen zu einem Raketenstart mit? In Miami ist Freizeit angesagt. Wenn Sie Lust haben, werfen Sie einen Blick in den Art Deco District. Von Miami bzw. einem Vorort aus empfehle ich außerdem einen Besuch im Everglades Nationalpark. Der Park wurde geschaffen, um das Ökosystem für die dortige Tierwelt zu erhalten. Die einzigartige Mischung von Fauna und Flora hat dem Park Anerkennung als „International Biosphere Reserve" eingetragen. Nehmen Sie ein wirklich gutes Insektenschutzmittel mit!

Zuletzt geht es über die Florida Keys auf der US 1, dem Overseas Highway, nach Key West zum Southernmost Point, nur 90 Meilen entfernt von Kuba. Feiern Sie den Sonnenuntergang mit einem Drink am Mallory Square.

Ihren Rückflug nach Europa treten Sie am besten von Miami aus an.

Reise 7

Hinflug nach Washington, DC - Rückflug von Los Angeles, CA

Tag	Ort/Strecke	Meilen	Programm
01	München – Washington	-	Hinflug
02	Washington	10	Stadtbesichtigung, Auto
03	W. – Charlottesville VA	206	Shenandoah NP
04	C. – Mt. Airy NC	253	UV, Monticello, Appomattox
05	Mt. Airy – Asheville	173	Blue Ridge Parkway
06	A. – Knoxville TN	125	Great Smoky Mountains NP
07	K. –Mammoth Cave KY	205	Mammoth Cave NP
08	M. C. – Nashville TN	95	Opryland
09	Nashville – Memphis	217	Nashville, Memphis
10	Memphis	10	Graceland
11	M. – New Orleans LA	380	San Francisco Plantation
12	New Orleans	-	Stadtbesichtigung
13	New Orleans – Houma	58	Swamp Tour
14	Houma – Lafayette	150	Jungle G., Tabasco, Ac.Vill.
15	Lafayette – Houston TX	245	LBJ Space Centre
16	Houston – San Antonio	200	S. A. Missions NHP
17	San Antonio	-	Alamo, Stadtbes.

18	San A. – Big Bend NP	400	Langtry
19	Big Bend NP	40	Big Bend NP
20	Big Bend NP	40	Big Bend NP
21	Big Bend NP – El Paso	314	El Camino Rio, Valley M.
22	El Paso – Lordsburg NM	270	Alamogordo, White Sands
23	L. – Tombstone AZ	198	Tombstone
24	Tombstone – Tucson	100	Saguaro NP, Stadtbes.
25	Tucson – Phoenix	122	Biosphere 2, Casa Gr. NM
26	Phoenix – Sedona	113	Montezuma Castle, Sedona
27	Sedona – Page	170	Oak Creek C., Wupatki NM
28	Page	15	Antelope C., L. Powell
29	Page – Grand Canyon	170	Grand Canyon NP
30	G. C. – Las Vegas NV	346	Hoover Dam, Las Vegas
31	L. Vegas – Anaheim CA	277	Calico
32	Anaheim	-	Disneyland
33	Anaheim – Los Angeles	35	R. Drive, Memorial C., L.A.
34	L. A. – Hollywood	15	Universal Studios
35	H. – Santa Barbara	86	Walk of Fame, Baden
36	Santa Barbara	10	Baden
37	S. B. – LAX – München	100	Auto Rückg., Rückflug
38	Ankunft München	-	-

Graceland, Memphis, TN

Reise 7 beginnt in Washington, DC. Sie besuchen zwei Ziele mit Bezug zur amerikanischen Geschichte: Monticello, das Heim von Thomas Jefferson, einem der Gründerväter der USA (das Haus ist auf der 5-Cent-Münze verewigt), und Appomattox, einen heute weitgehend unbewohnten Ort, an dem der amerikanische Bürgerkrieg 1865 mit der Kapitulation der Armee von North Virginia unter Robert E. Lee endete. Zuvor und danach durchfahren Sie zwei Landschaftsparks in den Appalachen, Shenandoah und Great Smoky Mountains, und besuchen den Mammoth Cave Nationalpark in Kentucky, einen Höhlenpark.

Der nächste Abschnitt der Reise ist dem Thema Musik gewidmet. Besuchen Sie mit Nashville, Memphis und (noch einmal) New Orleans die Zentren der amerikanischen Country-, Rock´n Roll- und Jazzmusik. In Memphis sollten Sie einen Tag für den Besuch von Graceland reservieren, dem Anwesen von Elvis Presley. Der „Hype", der Tag für Tag immer noch um seine Person und sein musikalisches Schaffen veranstaltet wird, beeindruckt auch die Touristen, die sich nicht zu seinen speziellen Fans zählen.

In New Orleans überqueren Sie den Mississippi. Sie begeben sich in die Sümpfe von Louisiana und sollten von einer der zahlreich angebotenen Möglichkeiten Gebrauch machen, eine „Swamp Tour" mit einem Boot zu erleben. Sie sehen mit großer Sicherheit frei lebende Alligatoren, die natürlich „angefüttert" worden sind oder, wie unser Führer das ausgedrückt hat, auf seiner „Payroll" stehen. Recht informativ ist auch eine Besichtigung des Firmensitzes von Tabasco, des Herstellers der gleichnamigen, auch bei uns bekannten Pfeffersoße.

Weiter geht es durch den Westen Louisianas und dann durch Texas. Ein Highlight in Texas ist die Stadt San Antonio, eine Art Klein-Venedig mitten im Landesinneren, mit dem weltberühmten Fort Alamo, dem Symbol des Widerstandes der Texaner gegen Mexiko und damit einer Ikone des Wilden Westens. John Wayne lässt grüßen! Als Jurist hat es mich natürlich auch nach Langtry verschlagen, ein kleines Wüstenkaff an der mexikanischen Grenze, Wirkungsstätte von Richter Roy Bean, dem Schöpfer und Exekutor des „Gesetzes westlich des Pecos", wiederum bekannt durch zahlreiche Westernfilme. Interessant und sehr empfehlenswert ist der Big Bend Nationalpark, ein einsamer Park in grandioser Landschaft, gelegen in einer langgezogenen Flussbiegung des Rio Grande. Passen Sie hier auf wilde Tiere auf! Meine Frau hatte am Flussufer eine überraschende Begegnung mit einer Kupferkopf-Viper.

Wir bleiben im Wilden Westen. Das nächste Highlight ist Tombstone, die Stadt, in der Wyatt Earp und seine Brüder gemeinsam mit Doc Holiday gegen die Clanton-Bande gekämpft und gesiegt haben. Die Schießerei am OK-Corral wird jeden Tag ab 11.00 Uhr mehrmals neu ausgefochten. Seien Sie rechtzeitig vor Ort! Besuchen Sie anschließend den Friedhof mit dem sinnigen Namen Boothill. Grabtafeln verdeutlichen hier, wie wenig ein Menschenleben damals wert war. Eine der Inschriften in grottenschlechtem Englisch habe ich mir gemerkt: „Here lies George Johnson hanged by mistake 1882. He was right we was wrong but we strung him up and now he's gone". Oder wie ein altes Werbeplakat der örtlichen Bestatter fragt: „Why walk around half dead when we can bury you for only $ 22.00?"

Ihre Reise geht weiter, beispielsweise durch den Saguaro Nationalpark, einen Kakteenpark in der Sonora-Wüste bei Tucson. Die riesigen Kakteen bieten manches Postkartenmotiv. Besonders hinweisen möchte ich Sie auch auf den Antelope Canyon bei Page im Norden Arizonas, einen winzig schmalen (Slot-) Canyon mit phantastischem Farbenspiel. Mittags, wenn die Sonne senkrecht steht, strahlt sie wie ein Scheinwerfer in den Canyon hinein. Leider wird die Existenz dieses Canyons von manchen Reiseführern immer noch negiert. Vorsicht: Wegen gelegentlich auftretender „Blitzfluten" kann der Besuch des Canyons gefährlich sein. Sie müssen sich aber ohnehin einen (zumeist indianischen) Führer engagieren, der Ihnen den Canyon zeigt.

Der Rest der Reise verläuft weitgehend auf schon bekanntem Terrain. Grand Canyon, Las Vegas, Los Angeles, Santa Barbara: Ich verweise hier auf meine Anmerkungen zu den Reisen 1 und 6. Wenn Sie die Strecke selbst schon kennen: Genießen Sie die Dinge, die Ihnen beim ersten Besuch besonders gefallen haben, oder schauen Sie sich Sehenswürdigkeiten an, zu denen Sie beim letzten Mal nicht gekommen sind. In Santa Barbara beschließt ein erfrischendes (!) Bad im Pazifik Ihre transkontinentale Reise. Lassen Sie sich nicht vom Weißen Hai beißen!

Reise 8

Hinflug nach Boston, MA - Rückflug von San Francisco, CA

Tag	Ort/Strecke	Meilen	Programm
01	München – Boston	-	Hinflug
02	Boston	-	Stadtbesichtigung
03	B. – Kennebunkport ME	90	Auto, Parson's Way
04	K. – Bar Harbor	210	Desert of Maine, Küste
05	Bar Harbor	35	Acadia NP
06	B. H . – R.-du-Loup PQ	372	Court Hs., Hartland Bridge
07	Rivière-du-L. – Quebec	126	Whale Watching
08	Quebec	-	Stadtbesichtigung
09	Quebec – Montreal	176	Trois-Rivières, Stadtbes.
10	M. – Kingston ON	200	Skydeck, Thousand Isl., K.
11	K. – Niagara Falls	239	Toronto, Niagarafälle
12	N. Falls – Detroit MN	245	Chrysler Museum
13	Detroit – Chicago IL	298	Detroit, Indiana Dunes
14	Chicago	-	Stadtbesichtigung
15	Chicago	-	Stadtbesichtigung
16	Chicago – Springfield	190	Lincoln Home & Tomb, S.
17	S. – St. Louis MO	122	Missourimündung, Stadtbes.

18	St. Louis – Joplin	278	Anheuser-Busch Brauerei
19	Joplin – Chickasha OK	289	Hist. Route 66, Oklahoma C.
20	Chickasha – Amarillo TX	267	Anadarko, Clinton Museum
21	Amarillo	60	P. Duro Canyon, Cadillac R.
22	A. – Albuquerque NM	284	Petroglyph NM, Old Town
23	Alb. – Chinle AZ	240	Canyon de Chelly NM
24	Chinle – Holbrook	170	Hubbell TP, Petrified F. NP
25	Holbrook – Phoenix	220	Goldfield, Squaw Peak P.
26	P. – Palm Springs CA	275	Phoenix, Palm Canyon Drv.
27	Palm Springs – Anaheim	215	Joshua Tree NP
28	Anaheim	-	Disneyland
29	Anaheim – Los Angeles	35	Venice, Beverly Hills
30	Los Angeles	25	Warner Bros., Hollywood
31	L. A. – Three Rivers	244	S. Fernando Mission
32	Three R. – Grant Grove	128	Sequoia & Kings Canyon NP
33	G. Grove - Monterey	207	S. Juan Bautista
34	Monterey	15	Aquarium, Wharf, State H.P.
35	Monterey	30	17-M-Drive, Carmel
36	M. – SFO – München	110	Hwy 1, Auto, Rückflug
37	Ankunft München	-	-

Cloud Gate, Chicago, IL

Die 8. Reise führt von Boston (vgl. dazu die Anmerkungen zu Reise 4) zunächst nach Norden in den wildromantischen Acadia Nationalpark und von dort über die kanadische Provinz New Brunswick an den Mündungstrichter des Sankt-Lorenz-Stroms. Dort gibt es Gelegenheit zur Walbeobachtung. Vor dem gegenüberliegenden Ufer des Stroms, am Saguenay Fjord, tummeln sich gerne die Belugawale und andere Spezies. Weiter geht es nach Quebec, der Hauptstadt der gleichnamigen französischsprachigen Provinz Kanadas. Überragt wird die gut erhaltene Altstadt, die teilweise noch von Befestigungsmauern umgeben ist, vom Chateau Frontenac, einem Luxushotel. Flanieren Sie durch die Stadt, vor allem aber auch über die Dufferin Terrasse mit toller Aussicht auf den Strom.

Zu Montreal, Toronto und den Niagarafällen verweise ich wiederum auf meine Anmerkungen zu Reise 4. Da Ihre Route aber diesmal ohne Umwege den Sankt-Lorenz-Strom entlang läuft bis zum Ausfluss aus dem Ontariosee, kommen Sie zusätzlich auch noch an den Thousand Islands vorbei. Erklimmen Sie zunächst einmal bei Hill Island den Skydeck-Turm und verschaffen Sie sich einen Überblick. Dann machen Sie einen Schiffsausflug mit der Gananoque Boat Line. Das Ausflugsschiff überquert mehrmals die Grenze, weil sich die USA und Kanada die mehr als tausend kleinen Inselchen im breiten Strom teilen. Auf manchen Inseln steht ein kleines Haus, natürlich mit Fahne. Berühmt ist Heart Island, die meistfotografierte Insel, denn hier steht Boldt Castle, ein

Schloss im Neuschwanstein-Stil, das ein Hotelier dort Anfang des vorigen Jahrhunderts hat errichten lassen.

Wieder in den USA angelangt, kommen Sie nach Detroit. Fahren Sie in die Innenstadt und schauen Sie sich an, was von der einstigen Automobil-Hauptstadt übrig geblieben ist. In jüngerer Zeit soll das Leben wieder in die Stadt zurückgekehrt sein; zur Zeit meines Besuchs dort hatte ich die Anmutung einer Geisterstadt.

Ihr nächstes großes Ziel ist Chicago, die Millionenmetropole am Michigansee. Für mich ist das eine tolle Stadt, architektonisch wie auch wegen der Leute, die dort leben. Erkunden Sie das Zentrum, aber auch das Seeufer, und haben Sie ein Auge vor allem auf die vielen Kunstwerke, die im öffentlichen Raum überall aufgestellt sind. Hier stehen Skulpturen, etwa von Picasso oder Miro, einfach nur zur allgemeinen Erbauung herum. Im Millennium Park sehen Sie die neueste Errungenschaft der Stadt, das Cloud Gate („die Bohne"), ein beliebtes Selfie-Hintergrundmotiv.

Sie verlassen Chicago in südlicher Richtung und folgen bis tief nach New Mexico hinein der alten Route 66. „Get Your Kicks on Route 66" ist jetzt Ihre Devise! Highlights sind Springfield, Illinois, mit vielen Memorabilia betreffend den berühmtesten Sohn der Stadt, Abraham Lincoln, St. Louis, Missouri, mit dem Gateway Arch, dem „Tor zum Westen", und der in den USA marktführenden Anheuser-Busch Brauerei („Budweiser") sowie last but not least Amarillo, Texas, mit dem Palo Duro Canyon und der „Cadillac"-Ranch, wo zehn bunt besprühte Cadillacs „nose-down" in einem Feld begraben sind. Beachten Sie daneben die vielen kleinen „roadside attractions" wie alte Tankstellen, an denen Sie vorbeifahren, wenn Sie die Autobahn einmal verlassen. Empfehlenswert ist das insbesondere in Oklahoma. Dort, in der Kleinstadt Clinton, finden Sie auch direkt neben dem Highway das Route 66-Museum, ein Muss für alle, die den Mythos um die Route 66 verstehen wollen.

Bei Gallup, 22 Meilen vor der Staatsgrenze von Arizona, verlassen Sie die Route 66 (hier in Form des Interstate Highways I-40) und machen einen Abstecher nach Norden zum Canyon de Chelly. Ihr Interesse dort gilt wie im Mesa Verde (Reise 3) den cliff dwellings. Bleiben Sie nicht am Rim stehen, sondern steigen Sie hinunter in den Canyon! Weitere Parks des Westens stehen nachfolgend auf dem Programm: Petrified Forest mit seinem verkieselten Holz – widerstehen Sie der Versuchung, ein Souvenir einzustecken, und hüten Sie sich vor den Klapperschlangen – und Joshua Tree, ein Wüstenpark, benannt nach der auffälligen Josua-Palmlilie, die dort gehäuft vorkommt.

Nach einem neuerlichen Stopp in Los Angeles (siehe Reisen 1 und 7) begeben Sie sich in die Sierra Nevada, in den Sequoia und den Kings Canyon Nationalpark. Bestaunen Sie die riesigen Bäume und genießen Sie die erhabene Stille dieser Parks. Ihre Reise beschließen Sie auf der Monterey-Halbinsel. Besuchen Sie das weltberühmte Monterey Aquarium und fahren Sie den 17-Miles-Drive ab, eine privat verwaltete Straße, die sich zwischen Pacific Grove und Pebble Beach bei Carmel dahinschlängelt. Mit einem Blick auf den Lone Pine Tree am Pazifik verabschieden Sie sich nach Europa.

10.4 USA – Hawaii

Reise 9

Hinflug nach Honolulu, HI - Rückflug von San Francisco, CA

Tag	Ort/Strecke	Meilen	Programm
01	München – Honolulu	-	Hinflug
02	Honolulu	-	Baden
03	Honolulu	10	Baden, Auto, Shopping
04	Honolulu	55	Byodo-In, Diamond Head
05	Honolulu	56	Pearl Harbor, City Tour
06	Honolulu	93	Wahiawa, Waimea, Laie
07	Honolulu	-	Baden
08	Honolulu - Poipu	25	Flug, Autowechsel, Baden
09	Poipu	86	Wailua, Caves, Na Pali
10	Poipu	-	Baden; Spouting Horn
11	Poipu	62	Salt Ponds, Waimea C. S.P.
12	Poipu	-	Baden; Strandwanderung
13	Poipu – Keauhou	20	Flug, Autowechsel, Kona
14	Keauhou	245	Hawaii Volcanoes N.P.
15	Keauhou	42	Capt. Cook, Baden

16	Keauhou	210	Kawaihae, Akaka F., Trop. G.
17	Keauhou – Lahaina	50	Flug, Auto, Iao V., Maui Plant.
18	Lahaina	10	Haleakala N.P., Baden
19	Lahaina	125	L., Whalers Village Mus.
20	Lahaina	150	Road to Hana, Oheo Gulch
21	Lahaina	-	Baden
22	L. – San Francisco CA	32	Auto Rückgabe, Flug
23	San Francisco	-	Wharf, Sausalito
24	San Francisco	-	Alcatraz, Wharf
25	San Francisco	-	City Tour, Shopping
26	S. Francisco - München	-	Rückflug
27	Ankunft München	-	-

Denkmal von König Kamehameha I., Honolulu, HI

Reise 9 beginnt mit einem ungewöhnlichen Kraftakt: Tag 1 hat für Sie wegen der Zeitverschiebung 36 Stunden! Auch organisatorisch verläuft diese Reise anders als alle vorhergehenden Reisen: Bedingt durch die örtlichen Gegebenheiten befahren Sie Ihre Route natürlich nicht einfach nur mit Ihrem Mietwagen. Von Insel zu Insel nehmen Sie das Flugzeug. Mutmaßlich fliegen Sie mit Hawaiian Airlines, einer bestens beleumundeten Gesellschaft. Nach jedem Zwischenflug übernehmen Sie noch am Flughafen Ihr Mietfahrzeug, begeben sich zu Ihrem Hotel und starten von dort aus Ihre Tagesausflüge, soweit Sie einzelne Ziele nicht schon auf dem Weg zum Hotel ansteuern wollen. Am Abflugtag fahren Sie ganz einfach wieder zum Flughafen und geben Ihr Auto ab. Wenn Sie meinem Vorschlag folgen möchten, dann unterbrechen Sie Ihren Rückflug nach Europa für ein paar Tage auf dem amerikanischen Festland, z.B. in San Francisco. Sie kommen entspannter zu Hause an! Buchen Sie dazu einen Rückflug Maui (Kahului) – Europa mit einem „Stopover" am gewünschten Ort (siehe obern Abschnitt 1.1). Erkundigen Sie sich vorab bei Ihrer Fluggesellschaft nach entsprechenden Angeboten.

Die erste Hawaiianische Insel, die Sie zu sehen bekommen, ist Oahu, der „Versammlungsplatz" der alten Hawaiianer. Oahu wird in vielen Reiseführern als touristisch nicht sonderlich interessant bewertet. Ich teile dieses Urteil ganz und gar nicht. Ein erstes Highlight der Insel ist für mich natürlich Honolulu, die Hauptstadt Hawaiis, das „Manhattan der Südsee", mit Waikiki Beach. Der

Strand ist bei weitem nicht so übervölkert, wie man glauben möchte. Gehen Sie im Zweifel nur etwas aus der Hotelzone heraus. In Honolulu schauen Sie sich u.a. das Denkmal von König Kamehameha I. an, aufgestellt vor dem heutigen Justizpalast und bei uns bekannt vor allem aus der Fernsehserie Hawaii Five-0. Besichtigen Sie unbedingt auch den Jolani-Palast, den einzigen Königspalast auf amerikanischem Boden. Weitere lohnenswerte Ausflugsziele auf Oahu sind beispielsweise die Pearl Harbor Gedenkstätte, die an den Angriff der Japaner im 2. Weltkrieg erinnert, die Dole Ananasplantage und das Polynesische Kulturzentrum in Laie an der Nordküste. Sie können hier sieben original wieder aufgebaute Dörfer von verschiedenen polynesischen Inseln besichtigen: Baulichkeiten aus Tonga, Samoa, Hawaii, Fiji, Tahiti, den Marquesas und ein Maori-Dorf (Neu Seeland) warten auf ihren Besuch. Das Zentrum präsentiert außerdem diverse Vorführungen. Faszinierende Landschaften mit Inselfauna und Lagunen runden das Bild ab. Gönnen Sie sich schließlich auch noch eine Wanderung auf den Diamond Head, ein 232 Meter hoher Krater mit einem phantastischen Panoramablick auf Waikiki Beach und Honolulu.

Die Insel Kauai, die „Garteninsel", war immer wieder Filmkulisse für international bekannte Produktionen. Gedreht wurden hier u.a. King Kong und die Jurassic Park Filme. Mit dem Auto ist die Insel nur beschränkt zugänglich. Sie können u.a. aber den Waimea Canyon erkunden. Die Na Pali Küste, eine der Hauptsehenswürdigkeiten von Kauai, können Sie sich vollständig nur im Wege einer mehrtägigen, ziemlich anstrengenden Wanderung erschließen. Sie brauchen dazu ein „Permit", wenn Sie dem Trail mehr als zwei Meilen folgen wollen. Alternativ dazu werden Helikopterflüge angeboten, die zumeist von Lihue aus starten.

Big Island ist, der Name sagt es, die größte der Hawaiianische Inseln, den Sportlern unter Ihnen sicherlich bekannt durch die Iron-Man-Wettbewerbe, die hier stattfinden. Es gibt viel zu entdecken auf dieser Insel. Besichtigen Sie in jedem Fall die (teilweise rekonstruierten) Heiligtümer Pu´uhonua o Honaunau Heiau und Puukohola Heiau. Im Süden finden Sie außerdem noch in der Captain-Cook-Region einige andere Sehenswürdigkeiten wie eine Kaffeeplantage (Kona Coffee Living History Farm). Der Hawaiianische Kaffee ist teuer, wird aber von Kennern ganz außerordentlich geschätzt. Ein „Muss" auf Ihrer To-Do-Liste ist der Hawaii Volcanoes National Park, der dem Besucher einen Blick auf zwei der weltweit aktivsten Vulkane bietet: den Mauna Loa und den Kilauea. Der Kilauea ist über einen Rim Drive gut erschlossen. Er gilt als der einzige „Drive-in-Vulkan" der Welt. Wenn Sie Glück haben, bekommen Sie vulkanische Aktivitäten unmittelbar zu sehen. Fahren Sie zuletzt –soweit passierbar- unbedingt auf die Chain of Craters Road, die in Richtung Süden vom Crater Rim Drive abzweigt. Die etwa 30 Kilometer lange Straße führt aus über 1000 Metern Höhe zum Meer hinunter und endet an einem erkalteten Lavastrom, der über die Straße hinweggeflossen ist und sie jetzt blockiert. Eine Gelegenheit, tolle Fotos zu machen!

Achtung: Die Straßenverhältnisse können sich aufgrund neuer Ausbrüche des Kilauea wie zuletzt im Frühjahr 2018 von einem Tag auf den anderen ändern. Erkundigen Sie sich vor Ort.

Letzte Insel der Reise ist Maui, eine Insel zum Träumen und Genießen mit dem für mich schönsten Badestrand von ganz Hawaii (Ka´anapali Beach im Westen der Insel). Schwingen Sie sich trotzdem auch noch zu ein paar Ausflügen auf. Fahren Sie die „Road to Hana", eine wirklich sehenswerte Panoramastraße. Vorsicht: Die Straße ist sehr eng, an einigen Stellen, insbesondere auf Brücken, nur einspurig befahrbar und extrem kurvig. Mieten Sie, wenn Sie diese Strecke erkunden wollen, ein möglichst kompaktes Auto! Ein weiteres „Muss" ist eine Fahrt auf den Haleakala, einen seit mehreren Jahrhunderten inaktiven Vulkan, der mehr als 75% der Fläche der Insel einnimmt. Besonders imposant ist der Krater bei Sonnenaufgang. Sportler haben die Möglichkeit, im Rahmen einer organisierten Tour mit einem Mountainbike die Bergstraße abzufahren. Passen Sie auf entgegenkommende Radler auf, wenn Sie mit dem Auto die Bergstraße hinauffahren! Abrunden sollten Sie Ihren Aufenthalt auf Maui in jedem Fall mit einem Bummel durch die Inselhauptstadt Lahaina, eine alte Walfänger- und Plantagenstadt, deren Zentrum heute unter Denkmalschutz steht.

Wenn Sie meinem Vorschlag folgen und an Ihren Urlaub auf Hawaii noch ein paar Tage in San Francisco anhängen wollen, verweise ich Sie diesbezüglich auf meine Anmerkungen zu den Reisen 1 und 2. Für diesen Teil der Reise werden Sie einen Mietwagen nicht brauchen.

11. Kapitel: Reiseroute für Einsteiger

Wenn Sie als Einsteiger gerne alles etwas kleiner, etwas überschaubarer hätten und/oder schlicht nicht so viel Zeit zur Verfügung haben, hätte ich noch einen Vorschlag für Sie, der die klassischen Highlights der Westküste abdeckt. Ich bin diese Tour so, wie ich sie im Folgenden darstelle, noch nicht selbst gefahren, habe die beschriebenen Strecken aber von einer Ausnahme abgesehen schon als Teile anderer Routen einmal kennen gelernt.

Reise 10

Hin- und Rückflug nach und von San Francisco, CA

Tag	Ort/Strecke	Meilen	Programm
01	München – S. Francisco	-	Hinflug
02	San Francisco	-	Stadtbesichtigung
03	San Francisco	-	Stadtbesichtigung
04	S. F. – Yoemite NP	192	Auto, Mariposa Grove
05	Yos. NP – Lee Vining	115	Yosemite NP, Mono Lake
06	Lee V. – Death Valley	250	Death Valley
07	D. V. – Las Vegas NV	150	Las Vegas
08	L.V. – Mt.Carmel Jct.UT	148	Zion NP
09	Mt. Carmel Jct.	152	Bryce Canyon NP
10	Mt. C. Jct. – Page AZ	93	Antelope C0., L. Powell
11	Page - G. Canyon V.	156	Horse Shoe B., G.C. NP
12	Grand Canyon Village	10	Grand Canyon NP
13	G. C. V. – Barstow CA	393	Calico Ghost Town
14	Barstow – Anaheim	100	Tanger Outlet Stores
15	Anaheim	-	Disneyland
16	Anaheim – L.A. Strand	40	Baden
17	Los Angeles Strand	-	Baden
18	L.A. Strand – Hollywood	30	Studio, Walk of Fame

19	Hollywood – S. Barbara	101	Stadtbesichtigung
20	S. Barbara – Monterey	240	Big Sur, Carmel Mission
21	Monterey	40	Aquarium, 17-M-Drive
22	M. – SFO – München	110	Hwy 1, Auto, Rückflug
23	Ankunft München	-	-

Big Sur, Highway Number 1, CA

Reise 10 setzt sich im Wesentlichen zusammen aus Elementen der Reisen 6 und 1. Für die Strecke von San Francisco bis Grand Canyon Village kann ich deshalb vollständig auf meine Anmerkungen zu Reise 6 verweisen. Vielleicht haben Sie noch Gelegenheit, in Page, AZ, den Antelope Canyon mit einzuschieben (vgl. Anmerkungen zu Reise 7). Wenn Sie den Grand Canyon verlassen, wenden Sie sich zunächst nach Süden und dann auf dem Interstate Highway I-40 nach Westen, bis Sie den Highway I-15 erreichen. Dort finden Sie die Geisterstadt Calico und das vorgeschlagene Quartier in Barstow, wo Sie bei Bedarf auch ein größeres Outlet-Center aufsuchen können. Sie setzen Ihre Reise fort in Richtung Anaheim bzw. Los Angeles. Ab hier verweise ich für den Rückweg nach San Francisco auf meine Anmerkungen zu Reise 1, die in diesem Abschnitt in umgekehrter Richtung verlaufen ist. Die Route ist leicht abgeändert und ergänzt um ein Element aus Reise 8 (Monterey).

Gute Fahrt!

Zeitfracht Medien GmbH
Ferdinand-Jühlke-Straße 7
99095 Erfurt, Deutschland
produktsicherheit@kolibri360.de